SAKIZAYA

SAKIZAYA

台灣原住民 63

撒奇萊雅族
神話與傳說及火神祭

田哲益（達西烏拉彎·畢馬）◎著

晨星出版

[推 薦 序]

浴火重生的撒奇萊雅族神話世界

——田哲益《撒奇萊雅族神話與傳說及火神祭》序

1988年諾貝爾物理獎得主萊德曼（Leon Lederman）成功的關鍵要素，在於他具有強烈的熱情和超常的毅力，而我屏東師專史地組同班同學田哲益老師，在學期間不僅喜好博覽群書，奠定了其在史學與地理學的基礎。

更重要的是，他具有與萊德曼一樣的熱情與毅力，其後又到高雄師範大學國文系與政治大學中文研究所進修，奠定其文學的學識與涵養。哲益同學研究的領域廣泛，包括：中國民俗學、中國民間文學、台灣史、中國少數民族、台灣原住民、民族學等，非常廣博，對中國文化學具有一定的貢獻。

哲益同學對知識的熱情，孜孜矻矻不眠不休。屏東師專畢業至今四十三個年頭了，他不為名利，不管風吹雨打，仍默默的做田野調查，為台灣原住民的文化做研究傳承的工作，宵衣旰食寫書研究著作68部，論文180餘篇，作品良多，且屢次獲得文化獎章，是一個不可多得的原住民奇葩，也是一位成功的碩師名人。

　　文化是一個民族的根本，族群的命脈；是維護、發展與永續民族的活水與養分，以及不可或缺之要素。文化是人類習得的行為，是人類團體或社會之象徵，是人類適應環境之主要方式。它是常模（norms）和價值之系統。換言之，文化是人類所發展的生活方式之綜合體，藉以滿足人類生理與心理需求。文化包括知識、道統、理念、語言、情意、樂舞，以及維護社會組織之種種元素。亦即文化是人類社會的生活、遺產，將習得的思想、情感和行為，代代相傳。因此，原住民文化可謂是台灣文化的珍寶，是具有獨特性，殊異性和多元性的文化。

　　尤其，撒奇萊雅族更具有文化多樣性的族群，從Sakizaya名稱及歷史的演變即可窺知。記載Sakizaya的時間，可追溯至西元1630年代，在西班牙統治台灣北部及東北部時，將此區劃分為三省，其中Turoboan省之Saquiraya即指現今的Sakizaya。到了荷蘭時代，荷蘭東印度公司為了探尋東部的金礦產地，屢屢派出探險隊到東海岸去，在西元1638年，探險隊Wesslingh回報說，東海岸的Sakiraga等地方有金子，所記錄的Sakiraga指的亦是Sakizaya。清代周鍾瑄在西元1717年的《諸羅縣志》所記載之「筠椰椰社」是「Sakizaya」的音譯名。至西元1878年的Takoboan事件以後，才將「Sakizaya」改為「歸化社」。

　　1878年，噶瑪蘭族聯合撒奇萊雅族與清兵對抗，發生所謂「加禮宛事件」，達固湖灣部落被火燒焚燬。為避免被清軍報復及滅族，撒奇萊雅族開始流離失所或隱居在阿美族群中，從此消失在歷史紀錄中，而被認為是在清末消失滅絕的原住民族。再

者，日本統治期間，日本對台灣原住民進行民族分類，因撒奇萊雅族人鑑於對昔日衝突事件受創的記憶刻苦銘心，致而選擇隱姓埋名，被歸為阿美族。惟鑒於語言權與文化權，撒奇萊雅族人於2004年7月10日開始民族正名運動，並於2005年10月13日向行政院原住民族委員會正式申請，終於2007年1月17日獲得中華民國政府的官方承認，成為第13個台灣原住民族。基本上，撒奇萊雅族爭取為單一民族，主要動機在於恢復原有的族群身分，以及回歸已擁有的文化。

「火神祭」是撒奇萊雅族具有獨特性的祭典，是將族人的價值、規範、信念、態度、習俗、行為風格，以及維護社會功能的種種傳統，能代代相傳告訴後輩子孫，於137年前族人在加禮苑事件，部落曾遭焚毀滅族的慘烈事蹟，同時藉由祭典告慰族人逝去的靈魂，希望年輕人別忘記身上流著祖先辛苦保存的血脈，從序曲、迎曲、祭曲、火曲、娛曲、供祭，火祭至終曲，莊嚴肅穆的過程中，浴火重生，並承擔「榮耀族群」、「傳承文化」的重大責任。

一個民族的服飾是一種語言、象徵和符碼，它除了代表隸屬於某個族群部落、階級、地位、宗教之外，其背後更蘊含著族群的期許和整個民族的榮耀。蘇格蘭人會用格子花紋來宣告他的家世；一個正統猶太人會用側邊髮辮來宣告他的信仰；一個法國鄉村婦人會用她的帽子來宣告她的村莊；一個沙烏地阿拉伯婦人會穿一件黑色紗袍來表現其端莊。

同樣地，撒奇萊雅族以獨樹一格的顏色象徵族人的信仰：紅

色象徵祖先的鮮血，土黃色象徵土地，藍色象徵情誼，黑色象徵祖靈，珠白色象徵眼淚等。而所要傳達的，除了緬懷祖先外，更要提醒後人懂得承先啟後、繼往開來。

一般來說，原住民族重視傳統祭儀，崇尚自然，崇天敬地，具泛靈觀之宇宙觀。同時，在生活中充滿傳說和神話之世界。而神話可視為俗民之哲學，甚至，神話可隱喻或指涉事實之存在。所以，在撒奇萊雅族的「火神祭」，除有檳榔、米酒、生薑……等供品外，在祭場中一定有土地神小祭屋、風車、五節芒、陶壺、陀螺、彈弓、祭靈屋等設施，皆與神話傳說中的土地神、風神、木神、山神、智慧之神息息相關。尤其撒奇萊雅的祖先，在顛沛流離、隱姓埋名中，度日且能活存時，更堅信萬物有靈。超自然力量無所不在的，所以「風吹」、「雨淋」、「土生」、「火燒」是至高無上的信念，並以「敬神」、「勤奮」、「自愛」、「愛人」做為族人共同遵行的法則。換言之，這獨特的神話傳說，形成撒奇萊雅特有的知識文化，也成為民族的根。

誠如，就洪水神話傳說，撒奇萊雅與世界其他民族如中國、美索不達米亞、希臘、印度、瑪雅等，一樣有自己的勇猛祖先、兄妹開疆闢土繁衍後代的故事；也不乏浪漫的愛情故事：蛇戀人、海神新娘、美女巴奈及變異神話傳說：神奇羽毛、少女變羽毛、少女變老鷹，更有大力神怪阿里嘎蓋身形詭譎多變，若單論其力氣應可與希臘神話中的海克力士相提並論。這些多樣的神話傳說故事，給人豐富的想像，也給人深刻的啟迪。

因此，神話傳說雖無形確有無之現象，既是神性亦為物性，

同時，是傳統生活觀的寫照，更是宇宙天體之法則。因此，撒奇萊雅族的神話傳說，其實是史前文明時期，撒奇萊雅族之認識論與知識論，是撒奇萊雅族先祖們之智慧、聖德、大道，奠定了當前撒奇萊雅族族裔邁入現代與當代文明時期，豐富與滋養撒奇萊雅族生存之活水與養分。更重要的是，此世代相傳之永續民族的精神、價值與信念，成為撒奇萊雅民族命脈發展之原動力，萬劫不滅之神力，浴火重生之張力。

　　作者田哲益老師將本書分為十九章，把撒奇萊雅族的歷史源流與文化及其傳說故事，鉅細靡遺、有條不紊的彙整，書寫呈現給讀者，是值得推薦的一部很有價值的好書。

洪清一（lakih-lo'oh）

書於國立東華大學教授研究室

2019年2月16日

[作 者 序]

重燃光榮的火花

　　有關於撒奇萊雅族，比較完整而深入的研究，目前仍然罕見。由於清季（1878年）「達固部灣戰役」，清軍大肆屠殺撒奇萊雅族人，自此族人隱藏於阿美族人的部落中「隱姓埋名」達一百二十九年，至2007年1月17日才得以恢復族名，重返歷史舞台的脈動中。

　　研究台灣歷史，花蓮奇萊平原的歷史，對於曾經是奇萊平原最重要且最強大的族群撒奇萊雅族，總是輕描淡寫，語焉不詳，甚或一字不提。忘記甚至湮沒了撒奇萊雅族數千年就已經長久居住在奇萊平原的歷史了。對研究台灣的歷史，無疑是一種很嚴重的遺憾，形同一部跛腳歷史。

　　對於因避難、逃亡、避免被追殺和報復，而長期隱形於他族部落的撒奇萊雅族人，社會大眾都對他們很陌生，但是他們仍然存在於奇萊平原上，和遷移壽豐鄉、瑞穗鄉、鳳林鎮，甚至於桃園市等，都有撒奇萊雅的族人，是活生生的人群。

　　自2006年7月1日，撒奇萊雅的族人為了讓世界知道，他們仍

然是一個完整的族群，舉行了「百年首次火神祭」，祭祀當年「達固部灣戰役」（1878年）被清軍滅族性的火燒攻擊與屠殺犧牲的勇士與殉難的族人，還有逃難過程中夭折的嬰孩兒童等，及英勇的大頭目Komod padiek（古穆‧巴立克）和其妻Icep kanasau（伊婕‧卡娜哨）被清軍凌遲處死的偉大情操。頭目Komod padiek被族人封為（火神），Icep kanasau被族人封為（火神太）。自此，每年舉行「火神祭」，至今已經十二個年頭了。

日治時期，開始對台灣原住民族調查分類，在原住民「九族」當中，並沒有撒奇萊雅族，是被歸類於阿美族中。田代安定、羅大春將撒奇萊雅族定位於阿美族中的南勢阿美，以前的文獻撒奇萊雅族被歸在崇爻八社裡。

若以地理區域作為依據，伊能嘉矩的奇萊阿美，似乎比南勢阿美更為妥切。撒奇萊雅族因為傳統就居住在奇萊平原上（今花蓮市），因此歸類上屬北部群或是南勢阿美。

1897年，鳥居龍藏《東部台灣阿眉種族の土器製造に就て》中，以秀姑巒溪為界，把阿美族分成兩群。1899，伊能嘉矩《台灣蕃人事情》裏把阿美族分成恆春阿美、卑南阿美、海岸阿美、秀姑巒阿美、奇萊阿美（南勢阿美）。這樣的分類法成為日後學者對阿美族的分類標準。到鹿野忠雄三群分類法，即北部阿美群（即南勢阿美）、中部阿美群（包含秀姑巒阿美）、南部阿美群（包含卑南阿美與恆春阿美）。

最早獨立提出討論撒奇萊雅族的特殊性是移川子之藏。1935年與宮本延人、馬淵東一合著的《台灣高砂族系統所屬の研究》

就曾專門討論撒奇萊雅族的歷史、口碑傳說與語言，但是仍然歸在南勢阿美裡。

民國後，1990年7月，李來旺校長發起恢復舉辦祭祖大典。2003年3月，開始討論「正名」議題。2004年7月10日，開始民族正名運動。2005年10月13日，向行政院申請正名。2006年7月1日，舉行「火神祭」祭祀「達固部灣戰役」犧牲的先烈。2007年1月17日，終於獲得官方承認成為第十三個台灣原住民族「撒奇萊雅族」。

本書以「火神祭」為主軸，探討撒奇萊雅族的歷史源流與文化及其神話與傳說故事。非常感謝撒固兒部落前任頭目黃德勇（Komod bulaw，古穆・布勞）的協助並到事件現場親自解說，使本書得以順利完成。也感恩同學洪清一博士幫我寫了一篇序文，做為本書之導讀。更冀望撒奇萊雅族族運昌隆，蒸蒸日上，又在奇萊平原上重燃光榮的火花。

田哲益

序於南投水里山水居

2019年5月19日

CONTENTS

第一章

撒奇萊雅族
發祥歷史傳說

阿美族諺語：「因為人類的敗壞迷失，造物神第一次以洪水毀滅人類，第二次將以火消滅人類」，人心無度，自取滅亡。這是一則古老而驚悚的預言。萬年前，造物神為了懲罰人類傷害大地、敗壞習俗、人心淫亂，而以洪水毀滅一切，重新建立新世界……

一、外島漂流至台灣說

口述者：黃金文
族名：Nowa watan
族別：撒奇萊雅族
採錄者：劉秀美、魏美玲、賴奇郁、蘇宇薇《火光下的凝召》①

　　早期sakizaya族住在另外一個島嶼，從事捕魚工作。有一次，有兩個姐弟捕魚時在海上遇到強風，划槳斷了沒有辦法回去，他們被風吹到花蓮東部，也就是現在鹽寮一帶上岸，就住下來落地生根。因為四周都沒有人，只好兩個人共同建立一個家庭。經過一段時間之後，因為發現花蓮出海口西邊有著寬闊的平原，就越過花蓮溪出海口遷徙到花岡山，繼續繁衍下一代。

　　本則傳說故事並未說明是從哪個島嶼漂流到了台灣花蓮的鹽寮。捕魚的兩個姊弟因為遇到了強風，船槳都折斷了，所以無法回到原來居住的島嶼，才漂流到了台灣。台灣當時是個荒島，沒有人居住，姊弟只好成婚，以繁衍下一代。後來他們又遷徙到寬闊的平原花岡山一帶居住，繼續繁衍下一代。

　　這是一則撒奇萊雅族「海外來源說的故事」，台灣有許多原住民族都有「族源」來自海外的傳說故事，但是都沒有說明是從哪裡或從哪個島嶼渡海或漂流來到台灣。

二、撒奇萊雅族渡台最初根據地

採錄地點：花蓮市撒固兒部落（國福里）
來源：撒固兒部落入口意象解說牌
採錄者：田哲益
採錄時間：2018年10月28日

　　相傳撒奇萊雅祖先剛抵達島嶼東部，居住於美崙山稍北近海區域，族人稱此地為Nararacanan，意為很多食用「卷貝」（raracanan）的地方。

　　本則傳說故事也是敘述撒奇萊雅族人的祖，先是從其他地方到達台灣，他們最初居住的地方是在花蓮市美崙山稍北近海的區域，這個區域的地名稱之為「Nararacanan」，意思是有很多食用「卷貝」的地方。此地區的命名法屬於「動物名型」同時也是「食物名型」。

　　撒奇萊雅族人數千年來，一直都居住在奇萊平原（花蓮市），只有在小範圍的平原遷徙移居。至1878年「達固部灣戰役」和「加禮宛戰役」，清軍滅族性的攻打撒奇萊雅族人和噶瑪蘭族人，這一役，徹底改變了兩族人的命運。

　　撒奇萊雅族人混入阿美族人的部落，為了躲藏清軍的殺戮與屠殺，便「隱姓埋名」，至今才得以繼續延續族群的生命達一百四十年。這次民族大遷徙，甚至往南到達台東縣。這也才使得他們的分布區域，為之擴大。

大凡世界上的民族，大多數是安土重遷的，一個民族性的集體性大遷徙，大多是發生了重大事故，例如戰爭、土地被侵奪、外族壓迫等，都是重要因素，撒奇萊雅族和噶瑪蘭族的遷徙史，即是最顯著的例子。

　　台灣的原住民布農族，數千年來，其實也是居住在平原的民族，四百年前，荷蘭和西班牙相繼來台，繼之明鄭治台，又是滿清治台、日本治台。這四百年來，徹底改變了台灣的自然與人文生態，是台灣各原住民族遷徙異動幅度最大的時期，其原因與撒奇萊雅族和噶瑪蘭族的例子是相似的。

　　以布農族為例，為了躲避殺戮與欺壓，毅然決然遁入中央山脈中段高山地區，成為台灣名符其實的高山民族。綜觀台灣原住民族的遷徙史，都是一部又一部血淚史。

三、祖先源於菲律賓

口述者：黃金文
族名：Nowa watan
族別：撒奇萊雅族
採錄者：劉秀美、魏美玲、賴奇郁、蘇宇薇《火光下的凝召》②

....

　　一對姐弟划著獨木舟一起到海上去抓魚，遇到颱風，槳斷掉了，沒辦法划回原先居住的地方。有人說是菲律賓某一島嶼，但不敢肯定，也許是在台灣某一個地點。兩個姐弟在鹽寮上岸，後來在這裡共同生活，結成

夫妻，繁衍出後代。後來經過好幾百年或者更久的時
間，人口慢慢多起來了，鹽寮的土地已經不敷使用，他
們看到西側有廣大的平原，就越過花蓮溪到西邊廣大的
平原，也就是奇萊平原。剛來到奇萊平原的時候，他們
先居住在里勞（東昌村）海邊。一段時間後，他們遇到
阿美族人，就再往北遷徙到花岡山，居住了很長一段時
間，其他族群繼續跟阿美族住在東昌村，因為雙方沒有
敵意，一部份的阿美族群「那刀蘭」（南昌跟宜昌的族
群）到了東昌村，就跟Sakizaya共同建立了東昌村，所
以那刀蘭的語言融合了Sakizaya和那刀蘭，是一個改變
的語言，腔調上有Sakizaya的腔，可是講的是那刀蘭
話。

撒固部灣戰役撒奇萊雅族被滅族，129年後重生復活（撒固兒部落磁磚故事牆）

撒奇萊雅族是濱海民族（撒固兒部落磁磚故事牆）

　　本則傳說故事說明，撒奇萊雅族可能是來自菲律賓的某一個島嶼，始祖姊弟在鹽寮上岸，這裡（鹽寮）就是撒奇萊雅族最初的根據地。其後遷徙到奇萊平原（花蓮市），先居住在里勞（東昌村）海邊。經過一段時間之後，阿美族人也來了，所以部分撒奇萊雅族人又遷徙到花岡山。留下來的撒奇萊雅族人則與阿美族「那刀蘭」（南昌跟宜昌的族群）的人共同建立了東昌村。現今東昌村因為是撒奇萊雅族與阿美族混居在一起，所以在語言上，腔調上有撒奇萊雅的腔，可是講的是那刀蘭話。

四、大洪水後再生說

口述者：林黃秀菊

族名：Nowa watan

族別：撒奇萊雅族

採錄者：劉秀美、魏美玲、賴奇郁、蘇宇薇《火光下的凝召》③

以前沸騰的水淹沒大地，有一對兄妹坐在木頭做的臼上躲避沸騰的洪水，約一個禮拜後，洪水才退去，但是連草都被沸騰的水燙死了。洪水退去後的一、二個禮拜，兄妹全身都是虱子，於是以彼此的頭蝨當作食物，大約洪水過後的一個月，土地開始長出草，兄妹倆也開始種食物來過生活，並且繁衍後代。當人類越來越多之後，雖然是同一個肚臍出來的，但也開始區分出撒奇萊雅族、阿美族等不同族群的人，而撒奇萊雅人為了生活也就分散到美崙、水璉、瑞穗、磯崎、豐濱等地開墾。

本則傳說故事敘述遠古時代發生大洪水，「大洪水」（Mabalad）氾濫地球，這是世界性的母題故事，當時幾乎把人類給毀滅了，僅存的少數人（多僅存兄妹或姊弟或母子）再重生繁衍。本故事最突出的是當時發生大洪水，洪水是滾燙沸騰的，把人類和土地上的樹草全部都燒熱死了。只有一對兄妹坐上了木臼，才得免被沸燙的洪水燒死。逃過劫難的兄妹，全身長滿了蝨子，他們就以蝨子作為食物，度過了艱難沒有食物的日子。一個

月後，大地復甦，開始長出樹草來，又恢復一片生機。兄妹開始種植食物，重新生活。為了繼續繁衍後代，兄妹成婚。後來繁衍人類眾多，派生出台灣許多不同的族群。其後撒奇萊雅族人分散到美崙、水璉、瑞穗、磯崎、豐濱等地開墾和生活。

按始祖派衍出許多族群，這是台灣許多原住民族共有的母題，也是世界性的神話傳說故事母題。

傳說撒奇萊雅族是大洪水後重生的民族（撒固兒部落磁磚故事牆）

阿美族諺語：「因為人類的敗壞迷失，造物神第一次以洪水毀滅人類，第二次將以火消滅人類」④，人心無度，自取滅亡。這是一則古老而驚悚的預言。萬年前，造物神為了懲罰人類傷害大地、敗壞習俗、人心淫亂，而以洪水毀滅一切，重新建立新世界。時至今日，新人類卻又重導覆轍。第二次，造物神將用火來毀滅所有，讓無知貪婪的人類在痛苦中死去。

帝瓦伊・撒耘校長的這則諺語是一則預言，遠古時代，人類

經歷了一場大洪水浩劫，是「因為人類的敗壞迷失」：人類傷害大地、敗壞習俗、人心淫亂。萬年後的今天，人類卻又重導覆轍敗壞迷失，造物神將會用火來毀滅大地，再度懲罰貪婪無知的人類。

傳說撒奇萊雅族是大洪水後重生的民族（撒固兒部落磁磚故事牆）

大洪水氾濫大地時傳說撒奇萊雅族，只剩下乘上木臼的兄妹存活了下來（撒固兒部落磁磚故事牆）

五、大洪水的故事

口述者：督固・撒耘
族別：撒奇萊雅
採錄者：林瑞珠
來源：〈天神下凡與大洪水──撒奇萊雅族的神話與傳說〉，
《台灣原YOUNG》雙月刊第63期，2016年8月。⑤

....

　　很久很久以前，因為發生了大洪水，一對兄妹搭乘
一艘獨木舟漂流到台灣島，在花蓮鹽寮上了岸，舉目四
望沒有別人，為了延續族群，決定分開找尋其他人的蹤
跡。他們渡過湍急的花蓮溪，來到奇萊平原，還是找不
到其他人，只好結婚繁衍後代，成了撒奇萊雅族的祖
先。天神告誡撒奇萊雅族人必須勤勞耕作，虔誠祭拜天
神與祖先，但長久安樂之後，族人逐漸變得懶散而觸怒
了天神，於是降下豪雨，河水暴漲，達固部灣頭目連忙
帶領族人往砂婆礑山逃命，眼看著洶湧的洪水就要淹上
來了，頭目馬上率領族人跪求天神一整夜，祭司說：
「必須要用少男少女來獻祭，洪水才會退去」！頭目徵
求了志願者，經過祭拜之後，將一對自願的男女和祭品
放在大米篩一起推入洪水中，卻被洪水沖回岸邊。祭司
搖搖頭說：「神不接受他們」！頭目趕緊又找了一對男
女，卻還是被退回。而天神更生氣了，瞬間水位急速上
升。祭司面帶惶恐，似有難言之隱的說：「天神想要頭
目的小女兒Dawa」。頓時，頭目和族人們都很憂傷，

因為大家都很喜愛頭目的小女兒，她長得十分美麗，不但聰明伶俐手腳勤快，且善體人意，沒有人捨得讓她去當祭品。頭目與族人均舉棋不定，突然，在亡族滅種的關頭，Dawa走上米篩，男孩Namoh也立時跟進，兩人相視而笑，十指相握的向族人揮別。族人呼喚著Dawa回來，但米篩竟向洪水深處流去，瞬間，兩人就消失在大洪水中了。此時，大雨奇蹟似的停了，洪水也退去後，天空乍現一道光芒，所有族人都跪在泥濘中嚎啕大哭。砂婆礑山壁上則露出了一大片三角形的雪白大理石岩塊，在奇萊平原上，每一個角落都可以清晰的看見這片堅貞的岩壁，族人便稱之為Sipiledacay，亦即「神的印記」，大家都認為那是天神為Dawa和Namoh立的石壁，見證兩人的愛情與為族人犧牲奉獻的情操，同時也提醒族人必須勤奮工作，不可懶惰散漫，更不可對神明不敬。從此之後，風吹、雨淋、土生、火燒、敬神、勤奮、自愛、愛人，便成了撒奇萊雅族的立族精神，三角形也成了撒奇萊雅族重要的圖騰。

本則故事也是「海外來源說」的傳說，一對兄妹成婚繁衍後代。其後代最初勤奮工作，後來族人變得懶散而觸怒了天神，天神降下大洪水，要滅族懲罰撒奇萊雅族人。河水繼續暴漲，頭目帶領著族人爬上砂婆礑山逃命，但是洶湧的洪水就要淹上來了。頭目跪求天神一整夜，祭司說：「必須要用少男少女來獻祭，洪水才會退去」！接連二次將兩對少男少女放在大米篩中推入洪水中，天神不接受，被洪水沖回岸邊。第三次頭目美麗的女兒

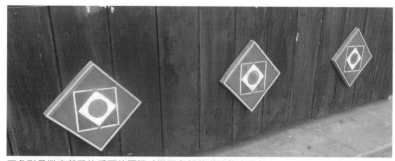

三角形是撒奇萊雅族重要的圖騰（撒固兒部落磁磚故事牆）

撒奇萊雅族人與海有很深的淵源

Dawa自己走上米篩，男孩Namoh也跟著她上了米篩，兩人十指相握的向族人揮別，他們消失在大洪水中了。頓時，大雨停了，洪水也退去了。砂婆礑山壁上則露出了一大片三角形的雪白大理石岩塊，族人咸認為那是天神為Dawa和Namoh立的石壁，見證兩人的愛情與為族人犧牲奉獻的情操。三角形也成了撒奇萊雅族重要的圖騰。

【注釋】
① 劉秀美、魏美玲、賴奇郁、蘇宇薇《火光下的凝召》，花蓮，花蓮市公所出版，2011年3月，頁50。
② 同注①，頁50-51。
③ 同注①，頁51。
④ 帝瓦伊‧撒耘《阿美族群諺語》，台北，德英國際公司，2005年9月，頁122。
⑤ 林瑞珠〈天神下凡與大洪水——撒奇萊雅族的神話與傳說〉，《台灣原YOUNG》雙月刊第63期，2016年8月，頁14-15。

第二章

撒奇萊雅族
的歷史

長久以來，撒奇萊雅族人沿著砂婆噹溪流域居住，與西南山麓的七腳川人、東南側的Tellaroma阿美族人處於分立對峙的狀態，各自有著完整的社會文化體系與群體認同。①

日治時期的學者安倍明義《台灣地名研究》中曾提到：「舊時奇萊又書寫成岐萊，奇萊乃與阿美族的地名Okirai相近的音譯字。西班牙人所記的Saquiraya與Okirai相當」。②

可知在16世紀西班牙人進入花蓮時，撒奇萊雅族很有可能即居住在此，且雙方已有所接觸。據帝瓦伊‧撒耘（李來旺校長）的口述，昔日「撒奇萊雅族」在花蓮地區大致分成六個主要的部落：Dagubuwan（即違固部灣，原址在今花蓮市明廉國小到四維高中一帶）、Navaguwan（今花蓮市舊市區、舊火車站一帶）、Chibaugan（吉飽干，今花蓮市主權里德安一帶）、Damasaiidan（今花蓮市北濱街一帶）、Duabun（即大笨，今花蓮港港口華東路一帶）、Bazik（在美崙山花蓮高工一帶）。③

一、西班牙時期

　　昔時花蓮舊稱「奇萊」或「奇萊亞」，地名由來早於17世紀大航海時代，葡萄牙和荷蘭人、西班牙人等的探險記載，當時外來族群與原居此地的撒奇萊雅族人接觸，彼此相詢記名。

　　1936年，西班牙統治台灣北部及東北部，將此區域劃分三省，其中即包含了撒奇萊雅族居住地。④

　　17世紀初期，西班牙文獻檔案中東部哆囉滿省（Turoboan）的Saquiraya社，位於花蓮立霧溪口到秀姑巒溪口的海岸與縱谷地帶。「當時鄰近的村社尚有平原上Tataruman（今荳蘭、薄薄一帶）Chicasuan（今慈雲山腳下的七腳川舊社址）、海岸山脈北岸的Chiulien（今水璉村稱之為kuawi的舊社遺址）等村社」。⑤

撒奇萊部落中，服飾也都阿美族化
（撒固兒部落磁磚故事牆）

荷蘭時期曾造訪撒奇萊雅族人（撒固兒部落磁磚故事牆）

二、荷蘭時期

荷蘭東印度公司探尋台灣東部的金礦產地，1638年得知撒奇萊雅族居住地出產金礦，因此派兵進逼並發生多次衝突。[6]

1643年荷蘭東印度公司Boon帶領尋金探險隊欲前往產金之地Tarraboan（今立霧溪流域河口一帶），除途經Tellaroma社並與之締交和平協議外，也曾造訪Zacharya（即Sakizaya，今撒奇萊雅人）。[7]

三、清代時期

直至19世紀末一場與清帝國的戰役（史稱加禮宛戰役，Sakizaya人稱之為達固部灣戰役），族人被迫離開祖居地Takobowan（今花蓮市四維高中一帶），流散到東海岸的水璉（Ciwidian）、磯崎（Karoroan）等地，往南遷徙至縱谷的山興（Cirakayan）與舞鶴旁的馬立雲（Maifor）等地。從此撒奇萊雅族

清德宗光緒四年爆發達固部灣戰役，撒奇萊雅族險些被全部滅族

人淡出他者所建立的歷史舞台，隱身埋名於其他社群之間，關於祖先的歷史遭遇，漸漸僅流傳於祖父輩的記憶中。[8]

清朝治理台灣期間，撒奇萊雅族因不滿清軍官兵欺壓，於1878年與噶瑪蘭族聯合對抗清兵，發生「加禮宛戰役」和「達固部灣戰役」。達固部灣部落被清軍報復及滅族，部落族人開始流離失所或隱居在阿美族部落內。⑨

　　「達固部灣戰役」後，領導頭目Komod padiek（古穆・巴立克）慘遭清軍凌遲處死，割下全身肌膚和頭皮將近一千刀，割掉鼻子，挖出兩眼。其妻Icep kanasau（伊婕・卡娜哨）亦被處刑以大圓木壓碎身體，臟腑四散。撒奇萊雅族為避清軍追殺

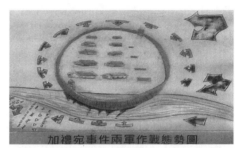

達固部灣戰役清軍圍攻部落圖，下為船炮攻擊，最內層為部落被五十圈的刺竹護牆保護著，最外圍是清軍致命性、滅族性的火燒攻擊。（撒固兒部落磁磚故事牆）

滅族，流離失所，妻離子散，開始了129年隱姓埋名的旅程。

四、日治時期

　　達固部灣戰役對撒奇萊雅族帶來的傷害，在往後很長的一段歲月裡引發的「寒蟬效應」，使得撒奇萊雅人不敢再對外提起族群名稱，也因為與阿美族混居，撒奇萊雅族在花蓮地區的族群發展歷史上消聲匿跡長達多年。⑩

　　日治時期，日人開始對台灣原住民族實施人種分類，人類學家無法確認撒奇萊雅族，便將之歸類於阿美族，部落則改名為

「歸化社」。直至2007年1月17日，才正式恢復其族名「撒奇萊雅族」，這一等，等待了129個年頭。這真是一段漫長的煎熬。

五、民國時期

（一）正名運動

Babalaki們總是提及，「我們與Pangcha（阿美族）就是不一樣，我們的神靈Dito和他們的Kawas也都不一樣」。⑪

1990年7月，撒奇萊雅族已故長老帝瓦伊‧撒耘（李來旺校長）發起恢復舉辦祭祖大典。2003年3月，討論族群「正名」議題。2004年7月10日，開始民族正名運動。2005年10月13日，向行政院原住民族委員會正式申請正名。2006年7月1日，舉行火神祭紀念與緬懷達固部灣戰役犧牲的先烈。2007年1月17日，獲得中華民國政府官方承認，成為第十三個台灣原住民族。⑫

2006年7月1日，撒奇萊雅族於花蓮市國慶里國福橋下圓形祭祀場，舉辦「百年首次火神祭」（Palamal），追祀曾為族人奮戰犧牲生命的祖先。證明撒奇萊雅族「後嗣有人」。

清代時期，「征原」戰役「達固部灣戰役」，清軍炮轟、火燒撒奇萊雅族人的部落，造成撒奇萊雅族人難以撫平的傷痛。逃難躲藏、流離失所的族人，混入他族人的部落或區域，以避清軍耳目。為保護家族安全，族人們對外不敢公開表明自己的身分。就是這樣，撒奇萊雅族在台灣的歷史中，消聲匿跡了達129年，逐漸被人遺忘。一直到2007年1月17日，撒奇萊雅族經行政院宣

撒奇萊雅族正名運動的嚆始李來旺校
長,發起恢復舉辦祭祖大典(撒固兒部
落磁磚故事牆)

撒奇萊雅族正名茶會(撒固兒部落磁磚故事牆)

讀通過,才正式成為台灣第十三個原住民族群。

　　1878年達固部灣戰役後一百多年,在族人奔走下,終於2007年1月17日經官方法定認可為台灣第十三個原住民族。恢復了「撒奇萊雅族(Sakizaya)」的族名,族人開始透過各種文化活動,逐一建構起屬於撒奇萊雅族的族群認同。每年透過火神祭大典(巴拉瑪Palamal),除了追憶達固部灣戰役,也召喚離散的各社族人,凝聚Sakizaya人的集體記憶與生命經驗。每當追祀祖先的Palamal祭儀開始,mapalaway手持生薑化開東方天際路時,身著紅衣的祖靈,將從海上穿越美崙山來到祭祀會場,閃動的火焰紅光中,彷彿看見祖靈的身影,再度回到記憶中刺竹環繞的世居之地Takobowan。⑬

　　18世紀,清軍大舉進入花蓮奇萊平原「開山征原」,建立統治權,時常與當地原住民族群發生紛爭,而引發不少戰事。清光緒四年(1878),達固部灣部落與加禮宛社的噶瑪蘭人,聯合反抗清軍,史稱「達固部灣戰役」(又稱加禮宛戰役),造成這二大部落嚴重分崩離析,也造成花蓮奇萊平原族群結構重新劃分。

撒奇萊雅族人在達固部灣戰役後，因懼怕清軍再度追擊，四散各地隱入周邊其它族群之中；一部分族人為清軍重新聚集至「歸化社」（今國慶里），與阿美族人相鄰，該處種植許多茄苳樹，故族人自稱為「撒固兒」（Sakol）部落。⑭

撒奇萊雅族在花蓮地區活動的時間雖然很早，但過去很長的時間，許多人都不知道有這個族群的存在，直到2007年1月17日，「撒奇萊雅族」（Sakizaya）經行政院宣讀通過，才成為台灣第十三個原住民族族群。⑮

撒奇萊雅族在過去一百多年間，曾因浴血抵禦外來政權，留下慘烈悲痛的記憶，之後長期隱身其他族群之內。1990年代，已故族老帝瓦依‧撒耘校長投身收集逐漸失傳的語言、口述歷史，潘繼道先生繼之發表研究論文。2004年7月族人決議正式啟動民族「正名運動」，由高幸一長老擔任撒奇萊雅族重建發展協會理事長，積極尋求國福、水璉、馬立雲各部落頭目間串連配合。2005年10月13日，族人代表由總領隊徐成丸頭目一行約60人，向行政院原住民族委員會遞交申請正名書，記有4千8百多人簽交「Sakizaya新族群運動委任同意書」。2006年7月，德興運動場對面河堤，舉辦了百年首次火神祭典，除了追祀當年率眾犧牲的大頭目Kamod Parik及其夫人Icep kanasau為火神和火神太，更有長老代表手持火把偕酒、祭品，到達古戰場和部落舊址，緬懷奠祭當年犧牲的族眾和祖靈。終於在2007年1月17日，行政院院會由院長蘇貞昌宣布，Sakizaya為台灣原住民第十三族。如今正名目標雖如願以償，可惜的是，幾位奔走貢獻的耆老卻來不及目睹。過程中，族人們除了積極思考未來，最感謝的，還是阿美族人長久以來的包容與接納。⑯

這篇解說牌，敘述了撒奇萊雅族「正名運動」重返歷史舞台的榮耀，文字並非長篇大論，但明確一針見血，了然於胸，感動肺腑。這篇解說牌，最值得注意的是「最須感謝的，還是阿美族人長久以來的包容與接納」，也是很令人感動。撒奇萊雅族真是令人可愛與尊敬的民族。「Sakizaya」是指「真正的人」。

正名運動（撒固兒部落入口意象解說牌）

正名運動（撒固兒部落入口意象解說牌）

（二）百年首次火神祭

　　撒奇萊雅族人為了證明自己的存在，以獲得「正名」，於2006年7月1日，舉辦撒奇萊雅族百年首次火神祭，舉行「火神祭紀念與緬懷達固部灣戰役犧牲先烈」。旋於2007年1月17日，獲得中華民國政府官方承認成為第十三個台灣原住民族。

正名運動（撒固兒部落入口意象解說牌）

正名運動（撒固兒部落入口意象解說牌）

【注釋】
① 劉秀美、魏美玲、賴奇郁、蘇宇薇《火光下的凝召》，花蓮，花蓮市公所出版，2011年3月，頁8。
② 安倍明義《台灣地名研究》，台北，蕃語研究會，1938年，頁308。
③ 參閱潘繼道著《清代台灣後山平埔族移民之研究》，板橋，稻鄉出版社，2001年，頁213-214。
④ 撒固兒部落故事牆解說。
⑤ 同注①。
⑥ 同注④。
⑦ 同注①。
⑧ 同注①。
⑨ 同注④。
⑩ 同注①，頁12。
⑪ 同注①，頁9。
⑫ 同注④。
⑬ 同注⑪。
⑭ 同注①，頁10。
⑮ 同注⑩。
⑯ 撒固兒部落入口意象解說牌。

第三章

撒奇萊雅族
巴拉瑪火神祭

由於「加禮宛戰役」起因於清軍火燒「達固部灣」刺竹護牆，造成撒奇萊雅族人一夕敗亡，火讓族群滅亡，卻也照耀了逃難族人的路途，使得族群能夠絕處逢生。因此，族人決定追祀Komod padiek為「火神」、Icep kanasau為「火神太」，並同時於「火神祭」（Palamal）舉行時，奉祀所有犧牲生命的先民，以慰祖先之靈，並祈求先民能庇祐子孫。①

「火神祭」的由來除了紀念「加禮宛戰役」和「達固部灣戰役」中犧牲的先人外，撒固兒部落的黃金文指出，其實「火神祭」在一百多年前曾經舉辦過，當時整個部落遇到乾旱，因此藉以祈雨。撒奇萊雅族的巫師以火祭形式祈求上蒼給予好天氣，讓莊稼能有收成。過去舉辦的「火神祭」和今日撒固兒部落的「火神祭」一樣，召集一些年齡階層去撿木頭，並且在曠野上面祈求能有好天候，再將所有撿來的木頭燒掉。②

部落中的耆老陳金星也表示，在其幼年時期曾見長輩舉行「火神祭」，但舉行的原因與黃金文說的正好相反，祭品也不如今日祭典的祭品豐富。他記得只要連續下雨時，就會請巫師來舉辦「火神祭」，祈求天氣轉晴。③

不過由此可知，撒奇萊雅族人舊時舉辦「火神祭」，並非為了紀念犧牲先人的祭典，也不在固定時間舉辦，更非一年僅一次。④

現今撒奇萊雅的部落，都是在「達固部灣戰役」後成立的，藉由「火神祭」的舉行，不僅讓族人緬懷過去，也是族人語言、文化、祭儀衍綿不斷並且凝聚族群精神的重要活動。⑤

撒奇萊雅族的「火神祭」（Palamal）始於2006年7月1日開始舉行，為了提醒族人族群歷史、文化傳統以及凝聚族群的向心力，創新建構新興的「火神祭典」。

「火神祭」（Palamal）儀式是在太陽下山之後正式登場，是根據大頭目Komod padiek（古穆・巴立克）犧牲的時辰，正是落日時分（五點三十五分），因此祭典正式的流程是黃昏入夜時舉行。

以2018年10月6日在撒固兒部落舉行的「戰後140年撒奇萊雅族火神祭」為例，筆者之參祭與觀祭，主要分為八道程序：序曲、迎曲、祭曲、火曲、娛靈、供祭、火祭、終曲等，有數十道法禮陸續進行。

2006年撒奇萊雅族百年首次火神祭

百年首次火神祭宣傳旗

一、巴拉瑪火神祭

（一）序曲

　　來自撒奇萊雅各部落及噶瑪蘭族新社、立德部落和桃園市撒奇萊雅族人的遊覽車，陸續抵達撒固兒部落祭祀廣場。下午四點鐘的時候，全體族人、祭眾和觀眾、記者等，全體大會餐，餐宴特色，全部都是原住民風味餐，非常別具風格。

　　四點四十分，女祭團祝禱師在祭場入口處土地神祭祀小屋，告祭土地神將要舉行「戰後140年撒奇萊雅族火神祭」。

　　女祭團祝禱師（20人）繞巡祭場一周，以口噴灑祭酒，清淨祭場，諸惡靈勿入侵擾。

　　四點五十分，青壯年齡階級「巨石碑淋水禮」，撒固兒部落祭祀廣場巨石碑有八塊，加上「頭目碑」一共是九塊。告知祖靈戰火已熄，請下凡間接受族人饗宴與祀祭。

（二）迎曲

　　五點十五分，女祭團祝禱師向祖靈宣告，並且招喚神靈與祖靈與祭。

　　五點二十分，青壯年齡階級點燃「風車」（風車放置於祭場的作用，是向四面八方轉動招引魂靈），這是傳達神靈和祖靈的「訊息火」。神靈和祖靈會沿著上升天際的燃煙，來到祭場，接

受族人的祭拜與餐宴，並與族人一起歡樂唱歌跳舞。

　　女祭團祝禱師用整株薑草葉祈福營火的燃料木頭，由青壯年齡階級點燃營火。這個營火不能夠熄滅，直至祭典全部結束，有專人看管負責。

　　五點三十分，司祭（黃德勇Komod bulaw頭目）祭前簡要講述「火神祭」的意義：「達固部灣戰役」大頭目Komod padiek（古穆‧巴立克）被凌遲處死，自早上九點鐘到下午黃昏太陽落山（時正五點三十五分），皮膚被割將近一千刀，最後割掉鼻子和耳朵，挖出兩顆眼珠子，終於壯烈犧牲成仁。

2018年火神祭女祭團祝禱師祭拜土地神

2018年祝禱師繞巡祭場一周以口噴灑祭酒，清淨祭場，諸惡靈誤入侵擾

（三）祭曲

　　黃昏入夜，時正五點三十五分，司祭（黃德勇頭目）宣布「火神祭」正式開始。領唱人吟唱「火神降臨」。司祭帶領祭眾以虔敬的心向火神（為民族盡忠盡孝的頭目古穆‧巴立克，後被族人封為火神）默哀一分鐘。祭祀台上與觀眾席上的祭眾，全體起立、脫帽，虔誠向民族英雄古穆‧巴立克（Komod padiek）致

哀。場面肅穆哀戚。

　　女祭團祝禱師把五支火把（蘆葦絨布）交給主祭，主祭再將火把交給紅、綠、藍、白、黑五色使者。主祭宣布祭典正式開始，領唱人吟唱火神降臨。

　　女祭團祝禱師傳遞法力給火神使者。白色使者祭禱後，由主祭逐一為五位使者點燃火炬。五位火神使者，迎接火神降臨。

　　女祭團祝禱師為五色使者口撒米酒淨身，並斟酒給五色使者，五色使者向神靈與祖靈、火神、火神太祭禱。

2018年火神祭祭壇與祭屋

撒奇萊雅族火神花燈（南投燈會）

（四）火曲

　　祭禱祖靈與火神後，就舉行「繞祭」，象徵「達固部灣戰役」，被火燒攻擊時，族人在城堡內東竄西奔，跑來跑去，躲藏火燒。

　　青壯年齡階級點燃象徵「達固部灣戰役」主部落（達固部灣部落）的圓形城牆（刺竹護牆）火圈，模擬當年撒奇拉雅族人被清軍火燒攻擊的慘烈狀況。

　　許多族人被困在火圈裡，象徵當年達固部灣部落被清軍火攻的壯烈殘死。非常逼真，令人非常傷痛。

　　最後，主祭與女祭團祝禱師滅火，引領族人走出火圈，走出「重生」之路。開始悲慘壯麗的行程。撒奇萊雅族真個是「因火而亡，火裡重生」的民族。

　　在此同時，進行達固部灣部落主戰場上的實況。女祭團祝禱師前往戰場上做一番禱祭。領唱人吟唱交戰曲，青壯年齡階級指揮官向清軍宣戰，青壯年齡階級先跳交戰舞，以示誓死保護土地與部落。

　　青壯年齡階級衝刺攻擊二輪，以佩刀、彈弓、石頭、竹木棍等與清軍的火槍廝殺；弓箭手火攻二輪，射擊敵營；矛槍手將矛燃火火攻清營二輪。指揮官宣布撤離戰場。青壯年齡階級英勇戰鬥，最後終不敵強大的清軍。

　　女祭團祝禱師前往祭屋安靈祭禱，勇壯年齡階級抬傷移靈祭屋，女祭團祝禱師迎接移靈隊，祝禱師為移靈隊除穢。

（五）娛靈

　　各部落輪流表演歌舞，娛樂神靈、祖靈、火神（Komod padiek古穆・巴立克）、火神太（Icep kanasau伊婕・卡娜哨）等，也有漢族來表演，歡娛神靈。在娛靈的法禮

2018年火神祭娛靈

裡，彷彿在舞群中看到了
火神和火神太也一起飄飄
起舞，甚是愉悅的樣子。
屏東大學羅永清教授也帶
領著原住民學生參祭觀摩
和表演歡樂輕快的現代熱
門舞蹈，共襄盛舉，一起
娛靈。最後是全體祭眾和

2018年火神祭交戰舞

觀眾一起歌舞娛靈（團體娛靈Malalikit），非常壯大、熱鬧和歡
樂，群舞〈台灣好〉、〈海洋之歌〉、〈火神之舞〉等，小朋友
也跳得很認真，臉上露出靦腆的笑聲。受祭的神靈、祖靈、火
神、火神太等，看了一定非常快樂。

（六）供祭

　　娛靈結束，主祭宣布供祭開始。女祭團祝禱師進場，蹲跪在
祭壇前，以口含酒噴灑自己淨身，以竹杯斟酒，口念祈禱詞，以
整株生薑（葉及薑）為鑰，開啟天地人神的溝通之橋梁。整株生
薑上下左右揮之，口含酒噴灑之，並頌祭詞：「我們天上的祖靈
啊！緬懷你們為族人們的犧牲，今天我們能夠在這裡祭祀你們，
表示我們的團結合作與懷念你們，祈求祖靈賜福給我們，繼續庇
佑我們」。向天呼喊Matoasay、Babalaki、Malataw……等神靈。

　　女祭團祝禱師移往祭屋前祭禱並吟唱歌曲安靈。首先是主祭
祭禱，各部落頭目、噶瑪蘭族頭目、火神使者等一一進入祭屋內
供奉祭品。

2018年火神祭祭靈屋前供祭　　　　　2018年火神祭燃燒祭靈屋恭送神靈

　　接著是祭眾（大人和小孩），人手拿著供物魚貫進入祭屋內供奉祭品，最特別的是，有一位佛教女法師也排隊參加供奉祭品的行列。不分族群，觀祭的群眾也都排隊進入祭屋內供奉祭品。此時此刻是最令人感動的，不知不覺淚已沾濕衣襟，不能自己。

（七）火祭

　　供祭結束後，火祭開始，這也是本祭典的最高潮、最壯觀、最驚心動魄的一刻。女祭團祝禱師在祭屋前吟唱祭歌和安置靈體。祝禱師進入祭屋內整理祭品，祭屋裡有火神和火神太的花棺，還有滿屋祭眾的供品。祭品藉由火化，讓祖靈一併帶走。主祭祭禱完畢，宣布點火送靈。

　　「火」代表戰死的祖先和火神、火神太的鮮血，燒掉祭屋和祭眾虔誠供奉的祭品，也同時是燒去族人的歷史悲情。祈請火神的靈魂能夠與現存的族人一起「浴火重生」。

　　在黑暗中呈現璀璨的光明時，即為祭典中最高潮、最撼動人心，也是最後的儀式。讓火神與族人的靈魂，一起解除桎梏，重

獲自由，撒奇萊雅族堅信，族人因火而亡，也將因火而生。⑥

　　撒奇萊雅族藉此重新凝聚了族群意識，期望在不久的未來，重新找回「撒固部灣戰役」後，「隱姓埋名」消失歷史舞台129年之後，屬於撒奇萊雅族的尊嚴與榮耀。

　　熊熊大火，火焰炙烈，不到三十分鐘的時間，祭屋已經被猛烈的火燒盡了。也完成了虔誠敬送神靈回返祖靈之所的儀式，場面非常聳動，令人不忍與心靈悸動。

　　「火燒」是一種「燎祭」方式，把祭屋、供品等焚燒之，讓祖靈一起帶走。燎祭是非常古老的巫術儀式，最初祭祀祖靈僅是請男子年齡階級撿拾木柴，聚集起來然後焚燒之。進一步發展的結果，從而使燎祭儀式顯得更加虔誠和壯烈。除了是祭祀祖靈外，也是祈求上天保佑風調雨順的一種祭天儀式。

（八）終曲

　　主祭宣布「火神祭典結束」，女祭團祝禱師向主祭、五色使者、所有祭眾和觀眾，結束祭淨身、除穢和祈福，並繞祭場一周向祭眾和觀眾致謝與道別。

　　女祭團祝禱師自我淨身後，祭典全部結束。祭眾和觀眾無不帶著一絲惆悵的心情，慢慢安靜的離開祭場，心中仍然縈繞著140年前魂斷「達固部灣戰役」那場慘烈的場面，久久不能忘懷。也忘懷不了二十位祝禱師組成女祭團的美麗與溫柔。

　　「火神祭」特殊之處，它非一般歡樂的慶典，而是莊嚴嚴肅的感念歷史傷痛以及對祖先的緬懷，「火神祭」已成為目前撒奇萊雅族最重要的年度祭典。從「火神祭」的內容觀之，是將「祖

五色使者（撒固兒部落磁磚故事牆）　　火神祭主祭供祭品給神靈
與祖靈（入口意象解說牌）

靈祭」擴大成為「火神祭」。增加了140年前「達固部灣戰役」為民族犧牲的「頭目」、「頭目太」、「所有英烈戰士」、「所有被燒死的祖靈」、「所有來不及長大的小祖靈」、「所有逃難中不幸傷亡的祖靈」等。所以「火神祭」雖是「新興」祭典，但是有其傳承性。「火神祭」儀式，是有意識的喚醒撒奇拉雅族人的精神與族群記憶認同。

二、參祭小議

　　2006年7月1日，撒奇萊雅族「百年首次火神祭」，筆者住在南投縣水里鄉頂崁村山水居，因為有許多研究著作要趕稿，所以正忙得不可開交。也因此這天下午約二點多的時候，才從台中搭飛機來花蓮，所幸，還趕得上下午五點三十五分「百年首次火神祭」開場的時刻，慶幸能夠參與撒奇萊雅族新興重構大型祭典的戰後百年首次火神祭，令我大開眼界。

又令我驚訝的是，祭場上我見到了屏東師專的同班同學洪清一博士（現任東華大學教授），原來他是撒奇萊雅族人，我一直都不知道呢！記得在學校的時候，他好像也沒有講過，真是徹底實現了百年來撒奇萊雅族「隱姓埋名」的實踐者。

　　洪清一同學是這場祭典的火神使者之一，因為他還要執行祭儀的工作，所以我們沒有時間多談。清一同學跟我說：「待會兒另一位同學也會來，就是陳信好同學（花蓮市花崗國中教師）」，其實也就是清一同學的老婆，我們三位是同班同學。

　　清一同學跟我說，他就住在吉安，房子很大，今天晚上就住在他那裡，我回答說：「待會祭典結束後再說吧！」因為我還沒有決定今夜是否要住在花蓮？祭典一結束，我就匆忙離開祭場了，沒有來得及跟清一同學道別。我還是決定連夜趕回南投，因為還有很多事情要做。

　　學校教職退休後，自2011年居住在花蓮市，到2018年整整有六個年頭了，這六年主要訪查近年來新獨立成一族的原住民族：撒奇萊雅族、噶瑪蘭族、太魯閣族、賽德克族，漢族佛教與道教的寺廟以及客家族群的遷徙史，對原住民族的影響，可以說是跑遍了花蓮縣各鄉鎮，有一點點辛苦，但是生活非常充實與愉快。

　　我從大姨子（全妙蓮女士）得知，撒固兒部落的前任頭目黃德勇先生（Komod bulaw古穆・布勞）是她南投山地高級農校的同學，也是筆者的姨父莫寶樹（河北人）老師的學生。曾在花蓮縣衛生局任職，也曾任中央行政院原住民族委員會專任委員。更是最熟悉撒奇萊雅族民族事務的達人。並也是經常擔任「火神祭」開場講述「火神祭」的由來與歷史意義的司祭者。本書大多採用了他的口述材料。

　　「火神祭」是自2006年新興重構的祭典儀式，也是目前撒奇萊雅族唯一最盛大的祭典，媲美賽夏族「巴斯達隘矮靈祭」，成為目前台灣原住民族的兩大特殊祭典。

　　「火神祭」在數年建構中，愈來愈符合歷史事實，也愈來愈令人感動。族人的用心也令人非常激賞。唯筆者有一些小議：

　　其一在「迎曲」中，迎靈車實際繞境到「達固部灣」（Takobowan）古部落主戰場，把當年英勇戰死的祖靈、被火燒死的祖靈、火神、火神太等都迎回祭場。下午五點三十五分鐘，迎靈車準時回到祭場現場，再將祂們的神主牌迎至祭壇或祭屋中，這時候也正是「火神祭」正式開始的時間。

　　其二是在「祭曲」中增加女祭團祝禱師給予主祭大把泥土，主祭再分給五色使者。本族傳說中的始祖就是從土裡誕生的。此舉有懷念始祖和祈福族人繁衍永續綿延，千秋萬世之義。

　　其三是在「火曲」中模擬當年族人被火燒攻擊的慘況，由穿著清軍制服者來點燃，火圈周圍也要有幾個清軍，表示火燒圍攻。最後被勇壯突破重圍逃走。主祭和女祭團祈禱師引領走出火圈。

　　其四是在本祭典的主題「火祭」，在進行中，女祭團祝禱師、各社頭目、五色使者等，大家一起手牽著手，在祭屋前吟唱送神曲，在火光閃閃的照映下，使主題更加突出作為End。

　　其五是「終曲」，部分女祭團祝禱師在祭場入出口處，以酒沾灑離場通過的祭眾、觀眾等淨身祈福。本祭典圓滿結束與落幕。

三、火神祭女祭團

口述者：黃德勇
族名：Komod bulaw（古穆・布勞）
族別：撒奇萊雅族
出生：1950年11月14日
地點：花蓮市撒固兒部落（國福里）
採錄者：田哲益
採錄時間：2018年10月26日

　　「祭司」（Mapalaway）是撒奇萊雅族部落裡主要領導者之一，人們都會聽從祭司的指導。部落裡的祭司多為女性，他不但是部落從事農耕活動的指導者，也是各種農耕祭儀儀式的進行者，祭祀祖靈、天神、各種神明等，都是由祭司來主持。所以祭司是撒奇萊雅族部落不可或缺的靈魂人物。

　　在撒奇萊雅族舉行一年一度的「火神祭」（Palamal），「女祭團」扮演了非常重要不可或缺的角色。「女祭團」的祝禱師最少二十人以上組成，曾經有過四十幾人組成的「女祭團」，場面非常龐大壯觀。

　　「女祭團」中有一位團長，她是最熟悉「火神祭」儀式的進行者。由她帶領著祝禱師，執行「火神祭」各種儀式的進行。從祭拜「土地神」開始，祭告土地神即將迎祖靈、娛靈、祭靈之事，並且以米酒用口噴

灑，圍繞全場淨灑祭場以除汙穢、惡靈等，祈天神保佑天候晴朗，儀式能夠順利進行成功。全體「女祭團」的祝禱師也要繞祭場一周，為參加祭典的觀眾以米酒口灑淨身，驅除穢污、惡事臨身等。祭神、祭祖靈、祭火神、祭火神太等儀式也是由「女祭團」執行儀式，和引領各社頭目、祭眾祭拜等，都是由「女祭團」為主導。可以說是祭祀場上的主要角色。

　　台灣原住民各族群，只有男性才會佩刀，一般女性是不佩刀的，唯獨撒奇萊雅族的「女祭團」祝禱師才有佩刀，因為佩刀也是女祭司的法器之一。

　　本則敘述火神祭「女祭團」祝禱師的重要職責。火神祭中祭拜「土地神」、用口噴灑米酒淨灑祭場、祈求天候晴朗、對觀眾及祭眾以米酒口灑淨身除穢、引導執行火神祭儀式等，都是女祭團祝禱師的職責。值得注意的是，女祭團的祝禱師都配有腰刀，這在台灣原住民族中是很突出的。

2018年火神祭女祭團祝禱師

2018年火神祭女祭團祝禱師團長

四、五色使者

口述者：黃德勇
族名：Komod bulaw（古穆‧布勞）
族別：撒奇萊雅族
出生：1950年11月14日
地點：花蓮市撒固兒部落（國福里）
採錄者：田哲益
採錄時間：2018年10月27日

....

　　1878年「達固部灣」戰役，頭目（名Komod padiek）被凌遲處死後，才有「五色使者」跟隨著頭目。之前也有頭目的跟隨者，但是還不叫「使者」。頭目壯烈慘死後才有「五色使者」的出現。

　　在「火神」祭典中，「五色使者」扮演著重要的角色，五位使者是火神的隨從者，也是神明。「五位使者」之色彩代表著特定意涵：

　　（一）「白色使者」：代表「火神光照」，透過點燃火把，表示祖先交付的薪傳，並為族人點燃光明的未來。在清軍「火攻」達固部灣部落的時候，白色使者照耀族人逃難的路線，族人才可以脫逃，延續族群繁衍。

　　「白色使者」代表火神光照，；

　　（二）「紅色使者」：負責迎接火神，傳承智慧。「紅色」代表乾枯的血，是「達固部灣」戰役中慘

烈犧牲的族人。

（三）「綠色使者」：綠色代表「刺竹」，以刺竹除穢，除去厄運和晦氣。「達固部灣」部落有五十圓層刺竹護牆，層層保護部落的安全，卻在1878年清軍「火攻」部落的「達固部灣戰役」，燃燒殆盡。

（四）「黑色使者」：以炭塗黑臉上表示隱身，惡鬼、惡靈就不會看到你了，摸不到、聽不到，也不會有惡事加害於你，厄運無法靠近。

（五）「藍色使者」，代表「甘霖」，用酒水滋潤族人的心靈。撒奇萊雅族「達固部灣」部落被無情慘忍的清軍火燒攻打，族人就四處逃亡。在逃難的路途上，沒有食物，備極辛苦，期間折損了許多族人，尤其是孩童夭折率很高。撒奇萊雅族人獲得阿美族人的解救，給他們水喝以止渴。所以至今，撒奇萊雅族很感恩阿美族的解救之恩。

2006年火神使者（右為筆者同學洪清一博士）

2006年火神使者與少女

火神之火點染火把，表示火神已經降臨，開始保護祭眾了。
白色使者指示光明，照耀族人逃難的路線；「甘露止渴」，重燃
逃難時生命力與意志力；「刺竹除穢」，去除舊有的厄運和晦
氣。「炭黑隱身」，讓惡靈無法近身。

五、火神祭舉行地點

從2006年至2009年的火神祭，都固定於花蓮市國慶里撒固兒
部落圓形祭場舉行（德興棒壘球場旁，國福大橋下），2010年改
於花蓮縣豐濱鄉磯崎國小（舊址）山海祭場舉行。2017年則輪到
壽豐鄉水璉部落於水璉國小舉行。2018年則輪至花蓮市國福里撒
固兒部落於撒固兒部落祭祀廣場舉行。

桃園市自2015年8月2日於大溪「桃園市原住民族文化會館」
也開始舉辦了「桃園市撒奇萊雅族火神祭」。最近的一次是2018
年10月20日舉行，地點也是在大溪。

2018年火神祭交戰舞

2006年火神祭繞祭

六、重返榮耀散發平原的火光

撒奇萊雅族人，曾經有一百多年的時光流離失所，隱姓埋名，消失在歷史洪流裡。「因火而亡」是撒奇萊雅族一段傷痛的往事。

清代「撒固部灣戰役」後，族人從Takobowan（達固部灣）部落逃難分散到各地隱居。近數十年來，從部落意識的基礎上，恢復了「撒奇萊雅族」的「族群名」，重現歷史舞台上。他們建構了有別於阿美族的民族服飾，更建構了新興的民族祭典「火神祭」，透過祭儀，了解祖先的過往，並緬懷先祖轟轟烈烈的事蹟，凝聚族人向心力。

撒奇萊雅族人一百多年來，長期與阿美族混居相處與通婚，其文化、語言、祭儀、社會組織等，都呈現斷層現象。亦即舊有的傳統生活方式消失，僅剩片瓦的回憶也難以拼湊。但是我們相信撒奇萊雅族人的智慧，一定可以繼續完成其原有文化、語言、祭儀、社會組織等艱難的重構工程。我們非常期待。

「火神祭」是2006年7月1日出現的嶄新新興祭儀，是祭祀「撒固部灣戰役」為民族盡忠與盡孝的火神與火神太夫妻、及當時戰役犧牲的勇士們，和逃難時途中夭折的小祖靈們，招喚族人的回歸凝聚力，具有莫大的作用。

「火神祭」有別於祈求風調雨順的祭典，是透過莊嚴肅穆的祭典深化歷史記憶，撫平歷史傷痛，召喚內在的認同感，作為火神庇佑的子民，讓撒奇萊雅之名重現光彩。

近十年來撒奇萊雅族人在重振族群意識與文化的重整建構下，有意識地進行多項文化復振工作，我們期待浴火重生的撒奇

萊雅族人，有個美麗未來，「重返榮耀」，再度散發出「平原上的火光」。

【注釋】
① 劉秀美、魏美玲、賴奇郁、蘇宇薇《火光下的凝召》，花蓮，花蓮市公所出版，2011年3月，頁36。
② 同注①。
③ 同注①。
④ 同注①。
⑤ 撒固兒部落入口意象解說牌。
⑥ 同注①，頁45。

第四章

達固部灣戰役
傳說故事

「達固部灣」戰役的記憶通過口傳的力量，在撒奇萊雅族人間流傳上百年之久，時至今日，族人透過「巴拉瑪火神祭」大典追憶這段過去，希望取「因火而亡，也因火重生」，遙想過去族人曾經遭外力摧毀家園，那段無奈、穩忍、流離的歲月。①

一、達固部灣部落

口述者：黃德勇

族名：Komod bulaw（古穆‧布勞）

族別：撒奇萊雅族

出生：1950年11月14日

地點：花蓮市撒固兒部落（國福里）

採錄者：田哲益

採錄時間：2018年10月26日

　　撒奇萊雅族人口耳相傳：清代時「達固部灣」（Takoboan）是一個人數眾多的部落，位於今花蓮市北濱橋、美崙山下。部落外圍種植大量「刺竹」，維護族人安全。部落內有由青年組織而成的年齡階級守衛者，一層一層（圓層）的刺竹環繞保護著部落，外族的人根本就無法進入這個嚴密防禦的部落。部落族人就在環環圍繞的竹護層中心，無憂無慮的生活著。這個竹護層最初應該是防禦他族如阿美族、噶瑪蘭族及其他族人的。

　　「達固部灣」部落有五十圈「刺竹圈」防禦，是由年齡階級所種植。撒奇萊雅族與阿美族一樣，有「年齡階級」組織，每五年是一個階級，即每五年成立一個新的階級，也就是說每五年會種植一圈刺竹，以加強部落性防禦。

　　到了1878年，部落的防禦竹護圈，已經有五十

圈，也就是說，撒奇萊雅族人在「達固部灣」部落生活了最少有250年。這個悠久的部落歷史在一場清軍的強狠攻擊下，一把火燒掉了整個竹護圈。自此倖存逃難的撒奇萊雅族人從此流離失所，或混入阿美族的部落，或尋找新的聚居地重新生活，自此開始隱姓埋名，隱藏自己的族群，依附在阿美族的羽翼下，做個默默無聲的人，為的就是保護自己的生命安全，以免被清軍報復。才得以至今又存活了140年。

Takoboan（達固部灣）部落，「Tako」意為「水」、「boan」意為「在水中突起的土地」。則「達固部灣」部落是位於美崙山下美崙溪畔突起的土地上。

本故事敘述「達固部灣」部落是清代撒奇萊雅族最大的部落，也是防禦工事最強大的部落，有五十層刺竹護牆層層圍繞著部落，外族人根本無法進入部落內。進入部落的出入口有年齡階層日夜守護著，族人在部落內安居樂業生活著。

按「達固部灣」部落每次成立一個新的年齡階級，會於舉行成年禮的時候，即沿著部落外的農兵溪、美崙溪、三仙溪，種一圈刺竹。據說刺竹林只有三道出入口，形成一個強大的防禦堡壘。據傳「達固部灣」部落的刺竹護牆已經有50圈，則估計該部落至少有250年的歷史，甚至是300年。

1878年，台灣巡撫沈葆禎開山征原政策，遂「火燒」撒奇萊雅「達固部灣」部落，清軍大舉屠殺居住在奇萊平原（今花蓮市）上十社的族人，倖存者為免遭追殺，遂隱姓埋名躲藏混入於

阿美族的部落。阿美族亦盡到保護其族的命脈，因此，至今撒奇萊雅族人還是很感激阿美族人救命與保護之恩。

　　日治時代，撒奇萊雅族人因為隱藏於阿美族的部落，仍然「隱性埋名」，隱藏自己的族群身分。台灣原住民族之族群分類始自日治時代，把原住民分成九大族，將撒奇萊雅族列為阿美族的一支。直至2007年始成獨立之一族。我們慶幸撒奇萊雅族人的「重生」與堅韌的「生命力」。

　　Takoboan（達固部灣）部落，清代典籍紀載為「竹窩灣」，撒奇萊雅語為「如海灣之湖」，彼時水草如茵、魚蝦沼澤。Sakizaya本部落的位置，在四維高中以東一帶，當時周遭密植刺竹（Pitony）圍籬，形成完整的生活和防禦空間。②

　　清廷文獻紀錄「達固部灣」部落為「竹窩灣」外，尚有「竹窩宛社」、「巾老耶社」、「筠耶耶社」等稱呼。

　　昔時撒奇萊雅大聚落是Takoboan（達固部灣），統籌附近各社以及對外交涉事務，往南隔著七腳川溪與南勢阿美族Talaloma（荳蘭社，今吉安鄉南昌、宜昌村）和Cikaso-an（七腳川人）毗鄰。③

達固部灣部落模型（撒固兒部落磁磚故事牆）

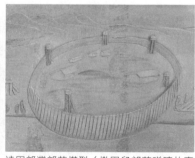

達固部灣部落模型（撒固兒部落磁磚故事牆）

二、達固部灣戰役之導火線

口述者：黃德勇

族名：Komod bulaw（古穆・布勞）

族別：撒奇萊雅族

出生：1950年11月14日

地點：花蓮市撒固兒部落（國福里）

採錄者：田哲益

採錄時間：2018年10月26日

....

　　清德宗朝，撒奇萊雅族居住的「達固部灣」部落，北邊是噶瑪蘭族人居住，而清軍則住在美崙山北邊。撒奇萊雅族和噶瑪蘭族人居住的部落，經常受到清軍的騷擾，搶奪原住民的農作物，貿易上用欺詐手段騙取原住民的物資，所以經常發生衝突。

　　兩個族群遭受到清軍同樣的對待與欺負，都不堪其擾，於是兩族變成互助合作的夥伴（以前兩個族群也是敵對的），抗禦清軍。但是卻引起了清軍滅亡兩族的伏筆。

　　本則故事傳說，敘述清軍經常騷擾撒奇萊雅族和噶瑪蘭族人的部落，例如搶奪農作物，在經濟貿易上用欺詐拐騙榨取物資，所以發生衝突在所難免。

　　撒奇萊雅族和噶瑪蘭族同樣感受到清軍的欺侮，於焉產生「生命共同體」，結盟合作抵禦清軍，遂引起清軍滅族性的屠

殺。

其實以前撒奇萊雅族和噶瑪蘭族是敵對的，後來兩族締盟合作，其實是有很多因素的。1840年左右，噶瑪蘭族自宜蘭加禮宛港附近（今宜蘭冬山河接蘭陽溪出口處）移居後山的加禮宛（今花蓮縣新城鄉的嘉里村一帶，「加禮宛戰役」後，已經沒有一個噶瑪蘭族的族人住在這裡，全是阿美族人住在這裡），當時與南邊的撒奇萊雅族人的勢力範圍毗鄰。當加禮宛人往美崙溪口發展勢力時，曾經遭受到撒奇萊雅族擊退。所以當初是敵對的狀態。

但是山區強悍的太魯閣族經常襲擊撒奇萊雅族，出草獵首，也令撒奇萊雅族人感到頭痛。自從噶瑪蘭族從宜蘭遷徙到新城鄉的加禮宛社，能夠緩衝太魯閣族侵襲撒奇萊雅族的壓力，因此兩族基本上是和平共處的，他們也曾經共同防禦山區太魯閣族人的入侵與騷擾。又加上清軍欺壓奪地，於是兩族就締盟抗清。2009年「撒固部灣戰役」、「加禮宛戰役」逢一百四十周年，兩族又續約締盟，以續前情，情義永在。

三、達固部灣戰役之導火線

口述者：黃光枝

族名：Simula

族別：撒奇萊雅族

採錄者：劉秀美、魏美玲、賴奇郁、蘇宇薇《火光下的凝召》

．．．

有說法指出，「達固部灣戰役」是造成「撒奇萊雅

族」由盛轉衰的關鍵，探究戰役起因，遠因主要是清朝對台灣政策的改變有關，近因則有陳輝煌指揮營撞騙、按田勒派等官方說法；口傳中則說是因為清軍搶奪族人收成的穀物，引發撒奇萊雅人的不滿與報復行為；也有一說是因清人與族人溝通不良，而引發戰事。④

本則故事敘述曾遭清政府緝捕查辦的土棍陳輝煌為「達固部灣戰役」的主謀，陳輝煌經常挑釁撒奇萊雅族的部落，招搖撞騙、按田勒派、搶奪穀物等。

光緒四年（1878），陳輝煌因欺凌番社導致「加禮宛戰役」，八月，據台灣道夏獻綸查辦：「訪聞土棍陳輝煌向為該番社主謀，有從中挑釁情事，現在設法密拿」遭緝捕，軍機處寄信上諭何璟、吳贊誠：「屢次索詐激變番眾，致煩兵力，實屬不法已極，務須嚴拏懲辦，以儆效尤」。「土棍陳輝煌，指營撞騙，按田勒派，以致加禮宛社番眾被逼難堪，復肆猖獗，情殊可恨。參將周士得及各該營官，難保無知情故縱情事，著該督等飭令地方官，嚴拏陳輝煌到案，按律懲治，一面責成周士得密拿務獲，並確查該將官等實在情形，嚴行參

撒固部灣戰役也犧牲了不少小祖靈

撒奇萊雅族學生練習舞蹈

辦」。光緒八年（1882）六月，在逃三年後投案效力，隨同開路征原，閩浙總督何璟奏請從寬免罪。⑤

　　「達固部灣戰役」的原因，簡要的說就是台灣海防欽差大臣沈葆楨的「開山征原」政策，這是漢人移民侵犯原住民生活領域的政策，最後導致1878年的「撒固部灣戰役」和「加禮宛戰役」，遭到台灣鎮總兵吳光亮的「破庄滅族」。

　　吳光亮於1878年，在花蓮大港口屠殺阿美族人，有計畫的設下飯局屠殺青壯年一百多人，迫使港口一帶的阿美族人搬遷，瓦解當地青壯年對清朝的反抗勢力。並對撒奇萊雅族及噶瑪蘭族進行屠殺的「達固部灣戰役」和「加禮宛戰役」，造成原住民族無限的悲情與無奈。

四、達固部灣戰役

口述者：黃德勇
族名：Komod bulaw（古穆‧布勞）
族別：撒奇萊雅族
出生：1950年11月14日
地點：花蓮市撒固兒部落（國福里）
採錄者：田哲益
採錄時間：2018年10月26日

....

　　1878年（清德宗光緒四年，戊寅年，虎年）5月1日，撒奇萊雅族和噶瑪蘭族「埋石立約」締盟合作，抵抗清軍。從5月至9月，清軍變得頻繁擾亂和攻擊部落，皆被族人一一反抗擊退。

　　由於族人依著地形地利的優勢，有年齡階級的青年人輪流守護著竹護層的大門口（據說有三道門），致使清軍無法長驅直入撒奇萊雅族人的核心部落。

　　9月份以後，清軍自北部基隆、台北調兵來支援；南區的清軍攻打豐濱鄉阿美族的靜浦部落，阿美族戰敗。清軍勝利後直接到達現在的撒固兒部落，聯合北區之清軍攻打「達固部灣」部落。

　　北區的清軍是乘船到達花蓮市的美崙溪進入「達固部灣」部落。沿線轟炸美崙溪兩岸。從靜浦北上的清軍也抵達，遂聯合作戰，把「達固部灣」部落的竹護圍一把火燒了，火勢兇猛，把撒奇萊雅族的「達固部灣」部

落燒得一乾二淨。撒奇萊雅族的住屋是用木頭和茅草建成，當然容易燃燒。燒死了不少族人和孩童。哀號四聲，慘不忍睹。

頭目（名Komod padiek古穆・巴立克）視此即將滅族之際，命令部落老弱婦孺，帶著牛，能逃的盡量的逃，最好是逃到遠方清軍找不到的地方。一面又召集年齡階級抵禦清軍，他們使用的武器是刀、弓箭、長茅、彈弓等，當然抵擋不住清軍強大的火炮。反抗抵禦的族人已經彈盡援絕，大多犧牲了，為族人盡忠與盡孝了。

頭目已知抵擋不住了，當還正在作戰的時候，就與妻子（名Icep kanasau伊婕・卡娜哨）奮不顧身前往清兵的總部要求投降，請求請勿繼續殺戮。但是被清兵直接抓起來，並且關起來。

數天後，被關起來的頭目被放出來了，把他吊到茄苳樹上，凌遲處死，並請附近阿美族部落的人前來觀看反抗者的下場。

清軍把頭目綁在木頭上，從早上9點鐘，慢慢行刑，把他的皮膚一片一片的割，總計將近一千刀。最後將頭目的耳朵、鼻子割掉，將眼睛挖掉，頭目終於壯烈成仁。計從早上9點鐘到下午日落時間5點35分犧牲。頭目死亡的時間也正是撒奇萊雅族人現在舉行「火神祭」正式登場舉行儀式的時間。

至於頭目的妻子之行刑，是用兩根巨木在Icep kanasau（伊婕・卡娜哨）的前胸與後背綁起來，平躺

在地上，清軍又站在巨木上，Icep kanasau的身體爆裂，五臟六腑全部震開，真是慘無人道。我們對於這樣勇敢的女性為民族盡忠盡孝，寄以無限的惋惜與崇仰。

本故事敘述1878年5月1日，撒奇萊雅族和噶瑪蘭族締盟抵抗清軍。從此一直到9月，清軍頻繁攻擊部落。由於撒奇萊雅族部落有著優勢的地形地利，清軍皆被族人一次又一次的擊退。

到了9月，南（豐濱鄉靜浦北上的援軍）北（基隆、台北的援軍）兩區之清軍聯合攻打「達固部灣」部落。清軍火燒層層（五十層）竹圍護牆的「達固部灣」部落，部落一時陷入一片火海，哭喊聲震天，死傷慘重，是自撒奇萊雅族數千年創族以來最悲慘壯烈的一天，人神同悲。

吳贊誠派遣總兵孫開華領擢勝軍一營，鎮海中營七哨，以及新設海字營四哨，乘輪船赴花蓮港。同時命令福靖新右營兩哨到新城駐守鵲子埔，新增兵力合計兩千餘人。孫開華原先計畫由米崙山（美崙山）進攻加禮宛。然而9月5日在米崙山探勘地勢時，遭到加禮宛人襲擊，清軍死傷數名。因此孫氏決定先攻擊撒奇萊雅族的達固部灣部落，以孤立加禮宛社。隔日（9月6日），孫開華遣副將李光率軍駐紮米崙港，調新城營勇駐守鵲子埔。孫氏則親自領兵前往攻打加禮宛社，但實際上卻派遣參將胡德興、吳立貴、同知朱上泮、都司李英，及劉洪順等人率領主力部隊前往達固部灣。⑥

加禮宛社頭目Tabiwanlu（達比灣磜）得悉後，隨即率領青年勇士通報「達固部灣」部落，並且支援戰鬥，但是被清軍攔截

擊敗，頭目Tabiwanlu（達比灣碌）等人戰死。

　　然而，當時達固部灣部落外圍種了濃密的刺竹林，清軍起初不得其門而入。後來清軍根據其他原住民傳來的情報，得知刺竹林有三道取水門，於是清軍改由取水門進攻。但取水門太小，清軍一攻入，就會遭到內部的撒奇萊亞人擊殺。此時，清兵決定採取火攻，將帶火的箭矢朝竹林發射，使部落付之一炬。頭目們在商議之後決議推舉大頭目古穆·巴立克（Komod Pazik）及其妻伊婕·卡娜哨（Icep Kanasaw）前往清軍兵營投降。撒奇萊亞人投降後，清軍將古穆·巴立克縛於今日花蓮慈濟醫院附近茄苳樹上凌遲。並將一棵大茄苳樹幹剖成兩半，將頭目夫人伊婕·卡那哨夾在中間，再使數十名清軍於巨木上踩踏，將其活活夾死。⑦

　　據撒固兒前任頭目黃德勇耆老的報導，撒奇萊雅族人和噶瑪蘭族人與清軍的「達固部灣戰役」（在噶瑪蘭族稱加禮宛戰役），前後死傷約數千人至一萬人。（筆者認為兩族戰死數千人，加上戰傷和燒傷者至一萬人是有可能的，因為這是一場戰役，不是文獻上所說的，只是一件單純的小「事件」而已）是一種滅族性的戰役。

　　如今登記為「撒奇萊雅族人」者才九百多人而已。推測目前仍依戀附屬於「阿美族」的族人，仍然很多，這可能是最大的因素。筆者於撒固兒部落（花蓮市國慶里）與一位年約將近40歲的族人聊天，他知道自己是屬於「撒奇萊雅族人」，但是沒有去戶政事務所登記，仍然願意繼續做「阿美族」族人。

　　筆者在廣西南寧參加「國際人類學學術會議」提出〈呼籲聯合國將台灣邵族列為保育人種〉學術論文。果真「撒奇萊雅族」僅剩下九百多人，台灣的政府更應該積極其族群的保護政策，鼓

勵其生育政策，積極協助其文化復振的工程。任何一個民族在世界上的消失，都是人類最悲哀與慘痛惋惜的。

當時的頭目Komod padiek（現在被神格為火神）、祭司等率領年齡階層青壯浴血奮戰，一面又命令老弱婦孺逃難。勇士們用傳統武器刀、弓箭、長茅、彈弓等與清軍強大的火炮對抗。

為了爭取族人逃難的時間，頭目Komod padiek（古穆‧巴立克）與其妻子Icep kanasau（伊婕‧卡娜哨）前往清軍陣營議降，結果被俘虜。數天後被凌遲處死，皮膚被一片一片割下計將近一千刀而壯烈犧牲。頭目妻子Icep kanasau（伊婕‧卡娜哨）的前胸與後背，也被綁 兩根巨木平躺於地，清軍又站於巨木上，致使頭目妻子身體爆裂，五臟六腑全部震開四散，犧牲成仁。

頭目Komod padiek（古慕‧巴利克）與妻子Icep kanasau（伊婕‧卡娜哨）壯烈的行程，為族人永遠的懷念與記憶。封頭目Komod padiek為「火神」，妻子Icep kanasau封為「火神太」，永受祭拜。

達固部灣戰役頭目夫婦被處以極刑（撒固兒部落磁磚故事牆）

達固部灣戰役頭目被凌遲處死（撒固兒部落磁磚故事牆）

頭目Komod padiek（古慕‧巴利克）被凌遲處死，從

早上9點鐘，到下午日落時分5點35分死亡。其死亡的時間，就是現在撒奇萊雅族人舉行「火神祭」（Palamal）開始正式舉行的時間。

　　Takobowan部落曾經是Sakizaya族的祖居地。多數族人雖因1878年的戰爭而遷移，然火神Komod Pazik（領導達固部灣戰役時的大頭目）的英靈，仍將永遠眷顧著這個美麗刺竹環境的聖地。⑧

五、達固部灣戰役

口述者：黃金文
族名：Nowawatan
族別：撒奇萊雅族
採錄者：劉秀美、魏美玲、賴奇郁、蘇宇薇《火光下的凝召》

　　「達固部灣戰役」起因於當年有一群懶惰的外族人，在族人的眼中形同強盜。他們在部落附近紮營，不但搶奪族人的財物，且經常到部落族人的耕地強取收成，或是隨意進出族人屋舍。部落老人口中的強盜集團，其實就是清廷派來的駐紮軍隊。族人對清軍強盜似的作為甚感憤慨，但礙於他們手中的刀槍，初起大家敢怒不敢言，僅能默默隱忍他們無禮、蠻橫的作為。多年之後，族人都感到忍無可忍，開始集結部內耆老們討論，如何解決這些人掠奪族人財物的問題，最後耆老們一致決定，要將這群人趕走，永遠不要再踏入此地。於

是，夜晚時分，頭目召集了部落中最強壯、年輕的年齡層，沿著美崙溪出海口到達海邊，再沿著七腳川溪的出海口往上游前進，悄悄地抵達清軍駐紮地偷襲，大約為今日花蓮縣吉安鄉南埔加油站附近。起初，只是想給清軍一個教訓，讓他們知難而退地離開，並未打算將敵人全數殲滅，沒預料到雙方會發生嚴重的戰鬥，因氣憤難耐，當場便將所有的清軍全部殺害。族人們回到部落後討論這次殺敵戰役，頭目要求大家守密不能向任何人透露此事，有意封鎖引起這場紛爭的消息。其中，知悉此事的七個族人和部落耆老，因為擔心清兵事後會緝捕戰役的參與者，於是轉往鄰近的「南勢部落」，隱匿原有的身分，與阿美族人共同生活。當時達固部灣部落與位在北邊只有一河之隔的噶瑪蘭人極為友好，雙方在今日美崙溪畔還有一個交易物品的市集，二族之間情同兄弟，時常往來。有一次，一些年長的撒奇萊雅族人在市集飲酒後告訴噶瑪蘭人，時常來侵擾的強盜集團已經全部被達固部灣部落的人消滅掉了。噶瑪蘭人的領導者得知此事後，也不甘示弱，認為撒奇萊雅人能做的，他們也做得到，於是前往攻打位在今日尚志路一帶的清兵兵營。但是噶瑪蘭人這次的突擊行動，早已被埋伏在附近的清兵察覺，一行人被清兵抓走，在審問之下，噶瑪蘭人說出達固部灣部落的人攻擊清兵軍營一事。隨後清兵群起攻擊加禮宛社，達固部灣部落見鄰近的噶瑪蘭人遭受襲擊時即派人支援，但終究敵不過清兵的攻勢。加禮宛社在這一戰中為清軍所敗，一夜之間全數消失於原居

地，逃亡他處。清兵攻打加禮宛社一事，使得達固部灣部落的頭目開始擔心部落會遭到清軍攻襲，於是開始戒備，一些年齡層日日都接受訓練，以備防衛、抵擋敵人。此外，每日輪流看守部落大門的年齡層，就住在部落大門附近，以便於戒護部落安全。有一天夜裡看守大門的年齡層發現部落的左方（即今美崙溪畔上），有人影走動，立刻向頭目通報，頭目下令所有年齡層悄悄地到大門守衛，當清兵前進時，走在後面的清兵沒有發現走進部落的兵已經被族人殺掉！仍然一路往部落前進，這些疏於警覺的清兵，就這樣被達固部灣部落的人全數滅掉。翌日早晨，清軍從「淨身門」前方約45的斜坡來襲，因此處路面狹小，只容許一、二人並肩向上行走，清兵起先也是一個個被達固部灣部落的人擊殺，但因此處守衛的年齡層人數較少，無數清兵不斷地攻進來，守衛者阻擋不及，最後當場遭到襲殺。其他族人聽到被殺害者的尖叫聲，立即敲鑼打鼓通知部落裡的族人有敵人入侵。此時已有兩個住在淨身門旁的家族遭清兵滅家，所有往這方向迎戰的族人，全部奮力抵抗來襲的清兵，淨身門附近遍地是清兵的屍體。據說，後來族人以二十多台的牛車，才將清兵的屍體載離部落，帶到四維高中後面，挖一個濠溝將屍體埋掉。達固部灣部落與清廷戰鬥後，維持了很長一段時間的平靜，部落裡的族人以為像強盜集團一樣的清兵被消滅了，不會再來犯。但是頭目仍舊不放心，不斷告誡族人不要掉以輕心，既然清兵能夠一次、二次地攻打達固部灣部落，之

後就有可能再度來襲。經過二、三個禮拜，族人不見清軍再度來犯，就開了慶功宴，從晚上一直喝酒喝到天亮，如此持續了二、三天後，看守部落大門的年齡層，約莫在清晨四、五點鐘，發現部落外河邊有許多人聚集，因天色還沒亮，守衛者看不清楚是什麼人，直到天明後發現，原來部落外的河畔旁已布滿清兵，個個手持弓箭包圍部落。頭目立刻集結部落內年齡層作好應戰準備，差不多上午九點，族人見清兵的箭頭上包了一個白色物，族人不知清軍此舉為何？清兵把箭頭白色物點燃後，往達固部灣部落的方向射來。此時正值夏秋之際，天候非常乾燥，部落裡的茅草屋、竹舍及部落周圍的刺竹叢全部著火燃燒，火一直燃燒到中午時分，吞噬厚厚的刺竹叢，約莫一星期，刺竹叢燒得一乾二淨。刺竹叢被火燒燬，部落防護牆出現了大洞，清兵等灰燼中的火星全部熄滅後，便長驅直入攻進部落。清兵趁著夜裡進入部落。族人雖然已有迎戰準備，但清兵不分老少，見人就殺，雙方戰鬥激烈直到天明，清軍將族內的青年成排綁住抓走。這些青年被帶走的那一晚，部落裡的老人們因擔心撒奇萊雅人會被滅族，於是商議召集16歲以下、尚未加入年齡層的青少年，要他們帶著自己的牛往南邊逃亡，並且囑咐他們要好好照顧自己，不要再回到部落。當時約莫有172位青少年，依照老人家指示，騎著牛一直往南邊跑，撒奇萊雅人自此分散於花蓮市及其以南各地。隔天清兵又來到達固部灣部落，但都沒有看到青少年，就把頭目Komod padiek和他的妻子

lcep kanasau抓起來，並且召集所有族人來觀看從早上就被清兵吊在樹幹上的頭目，藉以向眾人宣示違抗清廷者的下場。清兵脫去頭目的衣服，用刀將他的肉一片一片割下，據說清兵從頭目身上割下了一千多片肉，頭目就停止呼吸了。頭目的妻子lcep kanasau則被清兵綁在一根木頭上，再以另一根木頭壓在她的身上，因為看到lcep kanasau還活著，清兵就在木頭上方重重地壓下，族人哭著請求清兵罷手，可是這些清兵毫無人性，lcep kanasau被壓得內臟都流出來，活活將她凌虐至死。頭目夫婦死後，清兵告誡族人不要再試圖反抗清廷，所有的族人見到如此淒慘的畫面，已意識到不能再留在達固部灣部落裡，撒奇萊雅人可能會被消滅。所以一夜之間，族人分成多路逃亡，離開了達固部灣部落。一個往美崙逃去的家族，在當地低窪處見到被綑綁抓走的青年年齡層，全被綁在樹林裡的樹上，每一棵樹大約綑綁了五、六名青年，這一家族的人見到這群青年的遭遇後，就不敢再往前靠近，快速離開了。達固部灣部落附近的南勢部落，以為撒奇萊雅人全部被清兵消滅無一倖存，但是到了第二年，在今日四維高中後面，德興棒球場一帶，有很多茄苳樹的地方，陸陸續續集結了一些撒奇萊雅人，此處過去都是原始森林，有很大的茄苳樹，族人躲匿於樹底下，想等待清兵不再追殺的時候，再返回部落。過了一段時間，族人試圖返回原有的部落時，發現部落已被漢人佔據。撒奇萊雅人只得在茄苳樹附近紮營，漸漸地有其他流亡的族人也來到此

地，於是這個地方再度形成一個族人聚集地。清兵發現
達固部灣部落的人都躲在這裡以後，也不再去追殺，而
是採取觀察的方式，正式設置了第一個官方管控的部
落，命名為「歸化社」，今國慶里。⑨

　　本則傳說敘述清軍經常強取部落族人的收成，隨意進出族人
屋舍，族人視為強盜，長期族人忍無可忍，於是撒奇萊雅族頭目
率領勇士到清軍駐紮地（吉安南埔）夜襲，原來只是想教訓一
下，讓清軍知難而退而離開，沒想到戰況激烈，就把清軍全部殲
滅了。

　　後來噶瑪蘭人也襲擊花蓮市尚志路一帶的清軍兵營，但被清
兵察覺，被抓走的人在審問之下，清軍也得知了撒奇萊雅族殲滅
南埔清軍這個情報。於是清軍開始攻擊噶瑪蘭族和撒奇萊雅族。
最初清軍都戰敗，戰役持續了數天。最後，清軍包圍部落，決定
用弓箭「火攻」達固部灣部落，大約一個星期，部落的刺竹護
牆，全部被燒得一乾二淨。清軍長驅直入攻進部落，不分老少，
見人就殺，雙方戰鬥非常激烈。於是族人奉頭目之命開始往南方
逃難。最後，大頭目Komod padiek（古穆‧巴立克）和他的妻子
Icep kanasau（伊婕‧卡娜哨）被清軍凌遲極刑，壯烈犧牲。

　　本則報導亦提及撒奇萊雅族與噶瑪蘭族之間，在美崙溪畔有
一處交際貿易所，彼此上有經濟貿易往來。可見這兩族自古以來
即已經有親密往來。

六、達固部灣戰役

採錄地點：花蓮市台灣原住民族文化館

採錄者：田哲益

採錄時間：2016年8月10日

　　由於撒奇萊雅人居住在奇萊平原的精華區，所以經常受到外來族群的襲擊。當噶瑪蘭Kavalan自今宜蘭蘭陽平原遷徙到花蓮後，想要在美崙溪抓魚，當時撒奇萊雅人曾出戰將他們擊退，使噶瑪蘭人不得不向北邊發展，而定居在加禮宛（今新城鄉嘉里村）。後來兩族和睦相處，並曾共同打擊來自近山地區的Truku（太魯閣族），甚至追擊到現在的秀林村附近，可謂相當英勇。隨著漢人的拓墾足跡出現在奇萊後，撒奇萊雅人又面對新的挑戰者。嘉慶十七年（1812），因為李享、莊找來到奇萊一帶募佃墾殖，侵犯到撒奇萊雅人的地盤，所以在道光四年（1824），他們發動攻擊。咸豐元年（1851），以黃阿鳳為首的一千人招募二千二百餘名漢人入墾十六股（今後車站豐川一帶），數月後因水土不服，黃阿鳳病死，其餘漢人繼續墾殖。到了咸豐八年（1858）六月，墾眾與撒奇萊雅的Takoboan發生衝突，最後在漢人同意每月供給酒及若干布匹條件下與之談和。但在同治三年（1864），雙方再發生爭端，直到同治六年（1867），漢人才力屈而敗走。⑩

這個解說牌敘述撒奇萊雅族領域的土地一點一滴的被漢族人侵墾，其間時戰時和，直至1878年9月，清軍滅族性的火燒攻擊撒奇萊雅族部落的「達固部灣戰役」，徹底改變了撒奇萊雅族的命運。

七、達固部灣戰役噶馬蘭族救援撒奇萊雅族

口述者：黃德勇
族名：Komod bulaw（古穆‧布勞）
族別：撒奇萊雅族
出生：1950年11月14日
地點：花蓮市撒固兒部落（國福里）
採錄者：田哲益
採錄時間：2018年10月26日

………………………………………………………………………

　　清軍要攻打撒奇萊雅族人，為噶瑪蘭族人得悉，頭目叫做Tabiwanlu（達比灣碌）帶領年齡階級戰鬥勇士，前往撒奇萊雅族「達固部灣」部落通報並馳援撒奇萊雅族人戰鬥，不幸被攔截，全數被清軍滅亡。噶瑪蘭族人通報及馳援沒有成功，也造成撒奇萊雅族人被清軍「火攻」，險些造成撒奇萊雅族人被火燒滅絕的殘酷戰役。

　　本故事敘述撒奇萊雅族人和噶瑪蘭族人締盟聯合抗議清軍，

噶瑪蘭族人也參加火神祭

火神祭是祭祀噶瑪蘭和撒奇拉雅兩族，共同祭拜加禮宛戰役和達固部灣戰役戰死的烈士

當清軍佈署攻打撒奇萊雅族「達固部灣」部落時，噶瑪蘭頭目Tabiwanlu率領勇士們趕往通風報訊並支援戰鬥，唯還未到達「達固部灣」部落，噶瑪蘭的頭目Tabiwanlu和勇士們在須美基溪和美崙溪間被清軍全數殲滅，壯烈情義犧牲。

　　目前撒奇萊雅族最大的祭典「火神祭」（Palamal），事實上是與噶瑪蘭族聯合舉行的祭典儀式，共同祭祀兩族在「達固部灣戰役」和「加禮宛戰役」犧牲的英烈千秋，慰藉其在天之靈。

八、達固部灣戰役撒奇萊雅族人逃難

口述者：黃德勇

族名：Komod bulaw（古穆‧布勞）

族別：撒奇萊雅族

出生：1950年11月14日

地點：花蓮市撒固兒部落（國福里）

採錄者：田哲益
採錄時間：2018年10月26日

　　1878年「達固部灣戰役」，撒奇萊雅族人被清軍「火攻」，失去了有利的地形地物優勢，於是悲慘戰敗，族人被火燒焚身。部分撒奇萊雅族人在頭目的命令下開始逃難。其逃難的悲慘歷程，不下於古代猶太人「出埃及記」的慘痛與苦難。這真是一個撒奇萊雅族人滅族的哀悽回憶。

　　撒奇萊雅族人四處逃難避身，逃亡過程又有許多傷亡，尤其是孩童（小祖靈），真是雪上加霜。逃亡途中，有些地方是強悍布農族人出入區域，能夠安全度過這些區域也是奇蹟，可以說是大難中的小確幸。

　　撒奇萊雅族人被迫四處散開，除了逃散在花蓮市外，更往南逃亡到壽豐鄉、瑞穗鄉、豐濱鄉、吉安鄉（以上花蓮縣）等，和台東縣的關山鎮、樟原、馬蘭等地。

透過耆老口述，撒奇萊雅族人的傳統聚落名稱與位置，逐漸恢復。

撒奇萊雅族之舊社分布：⑪

（一）Takoboan：國福大橋以東至四維高中一帶。

（二）Nabakoan：花蓮舊站至南京街一帶。

（三）Cipawkan：德安附近。

（四）Tamasaydan：林森路一帶。

（五）Towapon：花蓮港口、華東路、更生日報附近。

（六）Pazik：美崙山麓，花蓮縣政府附近。

（七）Nabakoan：原花蓮市統帥飯店一帶。

（八）Cikep：美崙高爾夫球場附近。

（九）Kenoy：吉安鄉北昌國小一帶。

（十）Civarvaran：花蓮國光商工一帶。

撒奇萊雅族人的主遷移路線：⑫

Tokoboan→Sakul（德興棒球場邊）→Katangka'（佳山機場基地）、Kasyusyuan（國福里佳山機場門口）、Cupo'（國福里）、Hupo'（新城鄉北埔村）、Kruruan（豐濱鄉磯崎村）。

撒奇萊雅族人二度遷徙路線：

Cipawkan（花蓮市主權里）→Cirakayan（鳳林鎮山興里）、Kecbi'（壽豐鄉月眉村）、Pazik（美崙山北端和大陳二村旁）、Ciwidian（壽豐鄉水璉村）、Kruruan（豐濱鄉磯崎村）、Maifor（瑞穗鄉舞鶴村馬立雲）。

目前撒奇萊雅族人的主要聚居地：

（一）花蓮市的Towopon（華東部落，位在花蓮市美崙）。「Towopon語意是容易淹水之地，相傳是Sakizaya發祥地Nalalacanon的所在地，也是始祖土地之神Botoc、土地之母Sabak孕生之所」。⑬

（二）花蓮市的Pazik（位在花蓮市尚志路），「Pazik位於美崙山麓，語意是鬼頭刀魚之意，相傳族人辭世後，靈魂會穿著紅衣，飄過美崙山的山坳，飛向太平洋」。⑭

（三）花蓮市的Sakol（撒固兒），Sakol原瀕砂婆噹溪堤防而得名Cupo'（主布），近年正名為Sakol，語意為茄苳樹的意

瑞穗鄉舞鶴馬立雲部落（撒固兒部落磁磚 撒奇萊雅族聖山（白色禿壁之下）
故事牆）

思，位在花蓮市國福里與國慶里。

　　達固部灣部落戰役發生後，部分流散的族人重新聚集至歸化社，因當地有許多茄苳老樹而自稱「撒固兒Sakol部落」。1937年日本政府取Sakol的近似音Sakura （日本千葉縣佐倉市），為其更名為「佐倉」。⑮

　　同年在颱風的水患災害下，族人向西越過砂婆礑溪，找尋合適的新居地，之後因大小水災頻繁與耕地貧瘠等原因，讓族人在舊居地與新居地間經歷了數次遷徙。各自遷徙的族人定居後，雖然彼此都還因部落有堤防（台語發音為石埠）的關係，故取名為「主布」Cupo'，居住在佐倉步道附近的族人，稱為茄苳腳Kasyusyuan。國民政府劃分行政區時，在行政管轄上將族人居住地分為國慶里（Sakol）與國福里（Copo、Kasyusyuan）。⑯

　　（四）花蓮市的Cipawkan，位於花蓮市德安（主權里），相傳是位身材健碩、智勇超群的頭目Pawkan，於達固部灣戰爭後帶領部分撒奇萊雅人所建。⑰

　　（五）花蓮縣新城鄉的Hopo'（新城鄉北埔部落）。

（六）花蓮縣吉安鄉的Popok（吉安鄉仁里部落，原薄薄社）

（七）花蓮縣吉安鄉的Miyamay（吉安鄉太昌村七腳川部落）。

（八）花蓮縣壽豐鄉的Ciwidian（壽豐鄉水璉部落），Ciwidian是「水蛭」的意思，達固部灣戰役後Tiway Kalang、Orecos、Lapan Boday帶領族人所建的部落。

（九）花蓮縣壽豐鄉的Apalu（壽豐鄉月眉部落）。

（十）花蓮縣壽豐鄉的Tumai（壽豐鄉鹽寮部落）。

（十一）花蓮縣豐濱鄉的Karoroan（豐濱鄉磯崎部落），位於磯崎美麗的海潮之濱。

（十二）花蓮縣鳳林鎮的山興里Cirakayan（鳳林鎮東興部落）。Cirakayan語意為三面環山，1878年達固部灣戰役後族人南下所建的部落。

（十三）花蓮縣瑞穗鄉的Maibor（瑞穗鄉馬立雲部落），位於縱谷舞鶴台地下，相傳為過取以物易物的貿易之地，鄰近的掃叭石柱，是撒奇萊雅人的聖地。

（十四）台東縣的Kolado't（台東縣長濱鄉樟原部落）。

（十五）台東市的Falangaw（台東市馬蘭部落）。

（十六）台東縣的關山鎮。

以上所列都有撒奇萊雅的族人居住，其餘人口散居於其他阿美族的聚落，近年來隨著職工的發展與討生活，遷居北部都會區的人口亦不少。設籍桃園市的族人將近一百人，桃園市自2015年8月2日於大溪「桃園市原住民族文化會館」也開始舉辦了「桃園市撒奇萊雅族火神祭」。

撒奇萊雅族是居住在海濱的民族（撒固兒部落磁磚故事牆）

九、撒奇萊雅族的聖山

口述者：黃德勇

族名：Komod bulaw（古穆・布勞）

族別：撒奇萊雅族

出生：1950年11月14日

地點：花蓮市撒固兒部落（國福里）

採錄者：田哲益

採錄時間：2018年10月26日

撒奇萊雅族人在「達固部灣」部落與清軍戰役時，被清軍「火攻」滅社，部分族人從美崙溪逃亡到八堵毛溪（花蓮空軍佳山基地旁的一條溪），一直到達聖山（Mapeladai nubuyu），屬加禮宛山，在這裡將近躲藏了一年的時間，就慢慢下山遷徙到其他的地方去

了。

　　在「撒固兒步道」旁邊有一條「佐倉步道」，可以攀登到撒奇萊雅族人的聖山（Mapeladai nubuyu）。聖山的岩壁是白色禿壁，沒有生長任何草木。

本則報導敘述「達固部灣戰役」後，部分族人沿著美崙溪到達八堵毛溪，再爬上Mapeladai nubuyu山上，即白色禿壁，沒有生長任何草木的地方躲藏起來。後來此山被族人視為「聖山」。按撒奇萊雅族的聖山，在奇萊平原任何一處，都能夠看得到，其白色呈三角形大理石凸壁是明顯的地標。

十、撒奇萊雅族的聖山

口述者：黃德勇
族名：Komod bulaw（古穆・布勞）
族別：撒奇萊雅族
出生：1950年11月14日
地點：花蓮市撒固兒部落（國福里）
採錄者：田哲益
採錄時間：2018年10月27日

相傳「達固部灣」戰役的時候，撒奇萊雅族被清軍滅族性的「火攻」，部分族人還來得及者四處逃亡。有一部分族人沿著美崙溪到達八堵毛溪，他們揹負著受傷

的勇士及族人一路逃難。到了八堵毛溪就爬上「撒固兒步道」，其上有一座瀑布，他們就把受傷的人在這裡洗滌淨身。之後就又揹負著傷者繼續爬上山，爬到了Mapeladai nubuyu（屬加禮宛山），就在這裡躲藏了起來，以避清軍的追緝殺害。族人在這裡過著非常清苦與挨餓的日子。

大約躲藏了將近一年，才又慢慢下山尋找適合居住的地方。後來族人認為躲藏之地Mapeladai nubuyu，拯救了他們的生命，因此就視Mapeladai nubuyu為「聖山」。

本則報導敘述撒奇萊雅族人逃難的行經路線，現在已經成為觀光路線的「佐倉步道」和「撒固兒步道」。「撒固兒步道」上有一座瀑布，族人在這裡將戰爭受傷的族人在這裡為他們沐浴，洗滌乾淨，再揹往Mapeladai nubuyu躲藏起來。他們在這裡過著非常清苦與挨餓的日子。

十一、撒奇萊雅族聖山加禮宛山

口述者：黃金文
族名：Nowa watan
族別：撒奇萊雅族
採錄者：劉秀美、魏美玲、賴奇郁、蘇宇薇《火光下的凝召》
....

　　撒固兒部落（即今日花蓮市國福里）流傳著加禮宛山是撒奇萊雅族人在「加禮宛戰役」時所躲避之地，也成為撒奇萊雅族撒固兒部落視加禮宛山為聖山。撒奇萊雅族在1878年面臨滅亡的時候，怕清兵追殺，逃亡到加禮宛山區上面。山區瀑布上有一個平台，族人在山上生活並不適應，必須下山尋找食物，在那裡躲藏了大概七、八個月的時間，等到戰事平息之後才下山回到撒固兒部落居住。在加禮宛山上有一塊白色的石頭，是神的印記，被稱作「比勒大滋」，意指「受傷的留痕」，撒奇萊雅族因而將加禮宛山紀念為「聖山」。⑱

　　本則敘述在加禮宛山上有一塊白色的石頭，是神的印記，被稱作「比勒大滋」，意指「受傷的留痕」，因為撒奇萊雅族人曾經在這裡避難，躲過了清軍的追殺與報復，因而將加禮宛山紀念為「聖山」。

十二、達固部灣戰役撒奇萊雅人被滅族後重生之人口

口述者：黃德勇
族名：Komod bulaw（古穆‧布勞）
族別：撒奇萊雅族
地點：花蓮市撒固兒部落（國福里）
採錄者：田哲益
採錄時間：2018年10月26日

．．．

　　1878年，撒奇萊雅族被清軍「火燒」滅族後，129年來為怕被報復，隱姓埋名，或依附於阿美族。自從2007年恢復其族群名後，登記「重生」恢復「撒奇萊雅族」族別名者，才只有967人登記，還有很多人沒有去登記，例如花蓮市區撒奇萊雅族的許多部落、吉安鄉撒奇萊雅族的太昌部落等地，很多人沒有去登記。甚至有人不認同，願意繼續附屬於阿美族之名下，或習慣於阿美族之被稱謂，因此還要繼續宣導讓其認同其祖靈。

　　花蓮市撒固兒部落，目前是撒奇萊雅族人口最多的地方，自日治時代起，已是備受調查研究的部落（唯當時撒奇萊雅族人的生活已經深受阿美族人的薰陶，已經難以完整記錄，只得片羽鱗片），也是近數十年來回歸族名（正名）和重構「火神祭」祭典及「文化復振」重返平原上的火光的重鎮。

　　族人尚且還不能接受回歸原來族群之名稱，其主要原因是一百四十年來，已經習慣了被稱呼為「阿美族」，對「阿美族」

之名已經建立了感情，一時無法割捨。所以沒有很踴躍去登記改回原來的「撒奇萊雅」族群。

　　從族籍別登記為「撒奇萊雅族」者有967人，而「撒固兒」部落就有700多人的情況下來看，當時「逃難」南遷者，可能還有許多人沒有去登記。

　　這種情形，在當年邵族正名運動時也曾經發生過，有些族人對於「鄒族」有著一份濃厚的情感，只是因為長期分居久了就變成不太一樣了，仍然願意繼續傳統的稱謂「鄒族平地原住民」的稱呼。但是經過當時部落菁英毛隆昌（Panu）實際到阿里山鄒族地區去做田野調查，仔細比對的結果，發現無論是在語言、文化、祭儀、宗教、服飾、習俗等各個方面，都沒有相同之處，族人這才全面認同被稱呼為「邵族」。

花蓮市國福社區撒固兒部落圖騰柱，位於　撒奇萊雅族火神花燈（南投燈會）
達固部灣、加禮宛戰役紀念園區（弦龍
2002.10作）

十三、清文獻記載的達固部灣戰役

根據清史料的記載，達固部灣戰役的導火線，乃起於光緒四年（1878）三、四月間，陳輝煌（原名陳輝）以清軍軍功的身分，屢次向加禮宛社的噶瑪蘭人以「按田勒派」為理由，聲稱保障族人土地所有權，而收取土地開墾規費。噶瑪蘭人向陳輝煌繳納規費後卻不見成效，因此逐漸引起族人不滿，在氣憤之情難以忍受下，便計劃聯合附近的達固部灣部落對抗清軍。⑲

清廷得得知加禮宛社有意興起抵抗朝廷，便派遣官員夏獻綸於八月十六日帶兵前往部落和噶瑪蘭人溝通，從夏獻綸回報朝廷的文書中可以得知，加禮宛社的年長者曾要求部落內年輕人不要輕意發起戰事，但部落在眾多的少壯者因受到陳輝煌詐騙而義憤不已，並不打算聽從部落長者的意思，這次協調後不久，加禮宛社即聯合附近的達固部灣部落攻打清軍，雙方於是爆發一場激烈的衝突，稱為「達固部灣戰役」（或稱加禮宛戰役）。⑳

從清人吳贊誠於〈官軍攻燬後山番社並搜除安撫情形摺〉中的記載可知，清光緒四年九月五日達固部灣戰役發生前，清兵曾進入美崙山上勘察地形，路途中遭遇原住民以槍枝攻擊，清軍旋即給予反擊，打傷族人數十名。清軍隨後站立於美崙山上查看時，奇萊平原一帶原住民部落的分佈情形，探得達固部灣部落與加禮宛社二聚落「勢成犄角」，是處於相對的位置上，若能先攻下其中一個聚落，就能使清軍無後顧之憂地攻下另一部落。㉑

同年九月六日，清兵表面上做出準備攻擊加禮宛社的樣子，實際上是兵分二路暗中布局於達固部灣部落周圍，想要趁部落族

人不注意時突擊撒奇萊雅人。當達固部灣部落發現清軍來襲時，即立刻組織族人對抗，正當雙方激烈交戰時，加禮宛社頭目率領族人前來支援撒奇萊雅人，但在途中不幸遭到清兵擊敗。達固部灣部落因無外力援助，無法抵擋清軍的襲擊而被攻破。㉒

撒奇萊雅是個團結一致的民族（撒固兒部落磁磚故事牆）

團結一致（撒固兒部落磁磚故事牆）

【注釋】

① 劉秀美、魏美玲、賴奇郁、蘇宇薇《火光下的凝召》，花蓮，花蓮市公所出版，2011年3月，頁24。

② 撒固兒部落入口意象解說牌。

③ 同注②。

④ 同注①，頁20。

⑤ https://blog.xuite.net/apex.cheng/wretch/349455734-%E7%BE%85%E6%9D%B1++%E7%BE%A9%E5%92%8C%E5%85%AC%E9%A4%A8++%E9%99%B3%E6%8C%AF%E8%A8%98%E5%8F%A4%E5%8E%9D。

⑥ https://zh.wikipedia.org/wiki/%E5%8A%A0%E7%A6%AE%E5%AE%9B%E4%BA%8B%E4%BB%B6。

⑦ 同注⑥。

⑧ 同注①，頁14。

⑨ 同注①，頁16-20。

⑩ 花蓮市台灣原住民族文化館解說牌。

⑪ 同注②。

⑫ 同注②。

⑬ 同注⑧。

⑭ 同注⑧。

⑮ 同注①，頁26。

⑯ 王佳涵〈撒奇萊雅族裔揉雜交錯的認同想像〉，台東市，東台灣研究會，2010年4月，頁63頁。

⑰ 同注⑧。

⑱ 同注①，頁51。

⑲ 同注①，頁21。

⑳ 清·吳贊誠著〈台北後山番社頑抗預籌進剿摺〉，收於《吳光亮使閩奏稿選錄》，台灣文獻叢刊第231種，台灣銀行經濟研究室，1966年，頁19。

㉑ 同注⑲。

㉒ 清·吳贊誠著〈官軍攻毀後山番社並搜除安撫情形摺〉，收於《吳光亮使閩奏稿選錄》，台灣文獻叢刊第231種，台灣銀行經濟研究室，1966年，頁21-22。

第五章

達固部灣與加禮宛戰役
紀念園區的故事

「達固部灣戰役、加禮宛戰役紀念園區」於104年11月14日（六）下午2時假花蓮縣花蓮市國福里撒固兒部落文化祭祀廣場舉辦揭碑典禮，由撒奇萊雅族、噶瑪蘭族等族人共同為園區舉行祝禱、除靈等儀式後，進行紀念園區與紀念碑揭幕典禮。典禮結束後，撒奇萊雅族、噶瑪蘭族接續舉辦「Palamal火神祭」，以彰顯族人的向心力、凝聚力，以及兩族同盟的友好關係。

一、達固部灣、加禮宛戰役紀念園區碑文

　　光緒初，清帝國覬覦台灣東土，揮軍侵略。一八七八年農曆五月初一，撒奇萊雅族與噶瑪蘭族埋石締盟共禦外侮。九九重陽奇萊平野失守，文獻載為「加禮宛事件」。兩族史觀自主，各以「達固部灣戰役」及「加禮宛戰役」謂之。五至九月，聯盟地利人和勝多敗少。清軍幾經增兵，九月初三，台北、基隆援軍，布署就緒。初五，砲擊美崙溪沿岸，重創撒族。初六，於須美基溪伏擊示警救援之噶族青壯，頭目Tabi Wanlu出師未捷捐軀留憾。初七，南北兩路火燒圍攻「達固部灣」，撒族頭目Kumud Pazik憂心滅族，慟令撤離，並為緩敵，偕妻Icep Kanasaw赴營議降，詎料被俘；軍父Bakah Tiway銜命突圍，魂斷茄苳橋。初八，噶族加禮宛六社，寡不敵眾，遭抄斬數百人並焚村滅社，Kulu Tawan、Kulu Semen、Kuyliw Utay、Titay Lulu等父長，壯烈犧牲。撒族五社十地同遭駢戮。攜手鏖戰百又二十五日，枝幹殆盡，殉難數千。末日，清軍為儆效尤，凌遲碎身頭目夫婦示眾，並勒遷嚴管兩族餘眾。族人從此漂泊孤隱，幸阿美族人扶濟庇護，得保血脈。百年奮起，終復族名，今回顧歷史，面對未來，訓勉後世謹記：勇敢謙卑寬恕，永誌友盟情義。特立碑記文。

撒奇萊雅族、噶瑪蘭族聯盟
原住民族委員會、花蓮縣政府、花蓮市公所
敬立
戰後137年 中華民國104年11月14日

　　欽差大臣吳光亮「開山」與「征原」（「征原」文獻寫「撫番」，今改正之）的雙軌經營台灣策略，在行政上設置南、中兩路「理番同知」（應改為理原同知），並在後山設立分官職，布署軍隊，以昭示清朝在後山的實際管轄權。同時設置招墾局，招募漢族人進入後山開墾。

　　由於漢族人違反清朝保護原住民的「禁入原界令」（文獻載禁入番界令），侵吞原住民的土地，終於在光緒四年（1878年）爆發了「撒固部灣戰役」和「加禮宛戰役」。

　　當時噶瑪蘭族在新城鄉的部落（美崙溪北岸，新城鄉北埔一帶）有加禮宛、竹仔林、武暖、七結仔、談仔秉、瑤歌等六個部落，以加禮宛社為頭領的「大社」。卻在「加禮宛戰役」中一夕之間消失無蹤，全部逃難，現在新城鄉沒有一位噶瑪蘭族人。他們往南方逃難，後來出現在他們現在居住的地區——花蓮縣豐濱鄉新社村新社部落（Paterongan）和豐濱村立德部落（Kudis），最遠到達台東縣長濱鄉的樟原部落，此地的噶瑪蘭族人是由花蓮縣豐濱鄉新社部落遷徙至此，而「大峰峰」部落（Tanhonhon）則是隸屬於樟原村的兩個鄰，也是台東縣境內唯一噶瑪蘭族聚集的部落。

　　據新社部落的傳說，有謂：「相傳昔日噶瑪蘭族人為逃離漢人的迫害，被迫離開噶瑪蘭（今宜蘭），划著獨木舟，沿著太平

洋漂流到pateRongan（現新社的海灘），在海上夜裡看到lalaban（夜晚會發光的聖山），因此停泊於新社」。①

如果是如此，那麼「加禮宛戰役」的噶瑪蘭六社族人，逃難隱藏到了哪裡去了呢？是否混入了漢族或他族社會？那麼，他們的消失至今是個謎團嗎？

光緒初，1878年農曆五月初一，撒奇萊雅族與噶瑪蘭族埋石締盟共同抵禦清軍。至九月初五，清軍猛烈砲轟與火燒部落攻擊，兩族攜手鏖戰百又二十五日，最後終不能敵，開始四處逃散，「隱姓埋名」。清軍為儆效尤，凌遲碎身當時撒奇萊雅族「達固部灣」部落的領導頭目夫婦示眾，並勒遷

2009年6月9日，加禮宛大社紀念碑」前，噶瑪蘭族、撒奇萊雅族進行埋石立約儀式，又再次續盟約。

噶瑪蘭族宗教信仰（加禮宛大社紀念碑解說牌）

嚴管兩族餘眾。戰役中兩族幾乎滅絕，倖存的族人藏身在阿美族的部落之中，才得以延續命脈。

2009年6月7日，噶瑪蘭族、撒奇萊雅族兩族在當年「加禮宛戰役」發生地「加禮宛大社紀念碑」前，進行埋石立約儀式。兩

族在戰役後130年，又重新續約締盟。

從東海岸豐濱鄉新社、立德部落回到故鄉的噶瑪蘭族人，準備檳榔、米酒等秉告祖靈這項歷史大事。

接著朗誦兩族聯合聲明，要記取當年歷史，聲明中提到：「這不是激起仇恨、不是報復、不是求憐，而是避免不公不義之事重蹈覆轍」。提醒社會不要再讓不公不義的事再發生。記取教訓，讓台灣社會多元族群的人都能夠相互尊重。

埋石立約儀式由撒奇萊雅族頭目黃德勇、噶瑪蘭族頭目潘金榮及官方代表花蓮縣府原住民行政局長林碧霞，進行「埋石立約」儀式，以示兩族自「加禮宛戰役」和「撒固部灣戰役」的盟約如磐石堅定，重新結盟，希望牢記歷史、避免重蹈覆轍，再續舊約。

兩族多名部落頭目、長老也共同簽署聲明，並邀請官方代表花蓮縣長謝深山、副縣長張志明以及中研院、東華大學等多名學者擔任見證人，意義重大。

時過境遷，2018年9月16日適逢「達固部灣戰役」（Takubuwa a kawaw）及「加禮宛戰役」（Lanas na Kabalaen）

達固部灣戰役、加禮宛戰役紀念園區碑文

2006年7月1日撒奇萊雅族百年首次火神祭

一四〇周年，二族又再次續盟約，以永續友好與合作。續盟儀式在花蓮縣台灣原住民族文化館舉辦，噶瑪蘭族簽約代表是原住民族委員會噶瑪蘭族族群委員陳忠祥先生、新社部落頭目潘春福先生；撒奇萊雅族簽約代表則有撒韻・武荖先生、撒固兒部落頭目徐從先生。儀式在國立東華大學原住民族學院院長浦忠成、花蓮縣政府原住民行政處長陳建村、花蓮縣帝瓦伊撒耘文化藝術基金會董事長羅正心、東華歷史系教授潘繼道、總統府原轉會帖喇・尤道委員，以及新社、立德、撒固兒、達固部灣部落頭目等三百人見證下隆重完成。

二、永生門

口述者：黃德勇

族名：Komod bulaw（古穆・布勞）

族別：撒奇萊雅族

出生：1950年11月14日

地點：花蓮市撒固兒部落（國福里）

採錄者：田哲益

採錄時間：2018年10月27日

　　「永生門」碑石位在撒固兒部落「撒固部灣、噶瑪蘭戰役紀念園區」內，三塊巨石疊成「ㄇ」字型，直立的兩個巨石意為撒奇萊雅和噶瑪蘭人，橫在直立巨石上橫躺的巨石是戰死的勇士，兩族合作將戰死的勇士收屍

埋藏。

按撒奇萊雅人和噶瑪蘭人，清代時的處境相似，都是受到清軍的欺負與騷擾，所以兩族就締約了同盟的關係，兩族合作抵抗清軍。

事實上「撒固部灣戰役」就是兩族與清軍的戰役（在噶瑪蘭族稱為「加禮宛戰役」）。如今之「火神祭」就是撒奇萊雅族與噶瑪蘭族兩族聯合舉行的祭典，以緬懷和祭祀兩族英勇戰死的先烈祖靈。至今，兩族仍然繼續保持著合作的盟約關係，以示不能忘記當年戰役時的合作抵抗清軍的過往，彼此相互濟助和支援。雖然兩族都慘遭幾乎滅族的命運，四處離散流浪，但是這段悲情的歷史是不能夠忘記或淡忘的。

三、生死門

口述者：黃德勇
族名：Komod bulaw（古穆‧布勞）
族別：撒奇萊雅族
出生：1950年11月14日
地點：花蓮市撒固兒部落（國福里）
採錄者：田哲益
採錄時間：2018年10月27日

....

「生死門」碑石位在撒固兒部落「撒固部灣、噶瑪

永生門（位在達固部灣戰役紀念園區）

生死門（位在達固部灣戰役紀念園區）

蘭戰役紀念園區」內，三塊巨石和「永生門」一樣，也是疊成「冂」字型，直立的兩個巨石也是意為撒奇萊雅人和噶瑪蘭族人，橫在直立巨石上橫坐的巨石是受傷的勇士，兩族合作將受傷的勇士揹起逃難。

「生死門」表現出戰鬥勇士同袍情誼，是非常可貴的革命情感。按「永生門」與「生死門」，象徵了當年撒奇萊雅族人和噶瑪蘭族人共同抵抗清軍的合作夥伴關係。

【注釋】
① https://www.facebook.com/%E8%8A%B1%E8%93%AEPaterongan-%E6%96%B0%E7%A4%BE%E9%83%A8%E8%90%BD-424898667593998/。

第六章

撒固兒部落
文化祭祀廣場的故事

撒固兒部落祭祀廣場有九塊巨石碑，一塊是屬於部落自己的巨石碑，八塊是屬於全撒奇萊雅族的巨石碑，這八塊全族性的巨石碑，是撒奇萊雅族人創族數千年來對宇宙、人生的深刻體驗，鐫刻於巨石上，立於祭祀廣場，簡潔易懂，深具訓勉意義。這樣的「訓勉碑」，至目前為止在台灣原住民族中還沒有見過類似的文物。撒奇拉雅族的「訓勉碑」應該是首創，所以非常突出與新穎。祭祀廣場上的九塊巨石碑於2011年7月25日立。

八塊巨石碑分為兩組，前四碑是「神的職責」（「風吹」、「雨淋」、「土生」、「火燒」）；後四碑是「人的職責」（「敬神」、「勤奮」、「自愛」、「愛人」）。這八塊巨石碑便成了撒奇萊雅族的立族精神與自勉期許。

神的職責不是人類的能力所能做的，也不是人類所能控制的；人類唯有盡到「人」的本分，敬愛神靈、勤奮工作、自愛守分、愛人如己，就會受到神靈的庇佑，生活才能幸福美滿順利。

按撒奇萊雅族人曾經受到清軍無情的火燒攻擊，在逃難的旅程中受到風吹雨淋、顛沛流離的苦難生活，最後終能獲得「重生」。族人於是深刻的體認「人的職責」是「敬神」、「勤奮」、「自愛」、「愛人」，做為族人一體遵行的法則與勉勵。

一、頭目巨石碑

口述者：黃德勇
族名：Komod bulaw（古穆‧布勞）
族別：撒奇萊雅族
出生：1950年11月14日
地點：花蓮市撒固兒部落（國福里）
採錄者：田哲益
採錄時間：2018年10月27日

....

　　「頭目巨石碑」是撒固兒部落自己所屬的紀念碑，為紀念歷代頭目的功勳，帶領部落發展，族人感念他們的犧牲與無私的奉獻，特立碑以誌之。並且將歷代頭目的名字刻誌於碑石上，以為永遠的懷念。

　　據「頭目巨石碑」記載，撒固兒部落自創社以來，歷任頭目如下：Paliho、Kumod otangah、Dihang、Dihang、Kacau owabis、Watan otipos、Bulau okacau、Asam okulang、Sabolo opaya、Komod obulau等。

　　撒奇萊雅族人非常重視頭目，也

頭目巨石碑

風吹巨石碑

很尊崇頭目，因為頭目會帶領族人走向進步，並且維護部落的安全，甚至犧牲生命亦在所不惜。所以撒固兒部落族人把歷代頭目的芳名銘刻於巨石上，以示永遠的尊崇和懷念。

　　阿美族也有將頭目芳名銘刻為記者，更有設置祭祀亭，是專門祭拜歷代頭目者，例如壽豐鄉光榮部落卡娃斯運動場中的「歷代頭目追思亭」，將歷代頭目的名字刻於大理石上，祭祖台上的祭杯永遠斟滿酒以祭祀。

二、風吹巨石碑

口述者：黃德勇
族名：Komod bulaw（古穆‧布勞）
族別：撒奇萊雅族
出生：1950年11月14日
地點：花蓮市撒固兒部落（國福里）
採錄者：田哲益
採錄時間：2018年10月27日

....

　　「風吹」是神的職能，人類是無法控制的。數千年來，撒奇萊雅族人不知歷經了多少「大風」和「小風」，比如微風、烈風、風暴、颶風、颱風等。風可以影響人類的生活，尤其是漁獵時代的捕獵活動。當風變強時，會毀壞人類的建築和耕地的農作物。撒奇萊雅人卻能夠安然度過至今，這都是天神的庇佑。數千年長期

的生活經驗與智慧傳承，族人體會出唯有順勢應變，配
合天候作息，才能夠繁衍千秋萬世。

　　「風」是大規模的氣體流動現象，在地球上，風是由空氣的
大範圍運動形成的。在撒奇萊雅族傳說歷史中，「風」引發了神
話，影響過撒奇萊雅族的歷史，傳說，撒奇萊雅族的祖先是一對
兄妹乘船捕魚，結果遇到大颱風，結果漂流到了台灣。族人在
「達固部灣戰役」逃難時，也受過寒風凜冽吹襲。這個「風吹」
巨石碑也具有緬懷先人的苦難。
　　世界上很多種植物的種子是依靠「風」來散布，這些物種的
生存和分布受風影響很大。一些飛行類昆蟲的族群大小也受風影
響。當風和低溫同時發生時，對家畜會有不利影響。風還可以影
響動物的食物儲存。

三、雨淋巨石碑

口述者：黃德勇

族名：Komod bulaw（古穆‧布勞）

族別：撒奇萊雅族

出生：1950年11月14日

地點：花蓮市撒固兒部落（國福里）

採錄者：田哲益

採錄時間：2018年10月27日

「撒固部灣戰役」後，逃難的撒奇萊雅族人經歷了風霜雪夜，太陽曬，雨水淋的煎熬，避難旅途十分辛苦。而有幸我們現在還能夠永遠的挺拔於歷史的洪流中。

雨水是人類生活中最重要的資源，植物也要靠雨露的滋潤而茁壯成長。但大雨降下，急流沖來，暴雨造成的洪水也會給人類帶來巨大的災難，撒奇萊雅族就有很多有關於「大洪水」的神話傳說故事。

撒奇萊雅族人每當久旱不雨、天乾地裂的時候，眼看農田裡所種植的作物就要枯乾死了，就會請巫師向興雲布雨的雨神舉行祈雨儀式，祈求上天降下雨水，以解除乾旱。

本則報導「雨淋」巨石碑也是緬懷先祖的訓勉，叫子孫後代不要忘記先祖的苦難與辛苦。

祖先經歷過風雨，雨過自然會天晴；天降甘霖，風調雨順，族人才有良好收穫，雨水是造物神的恩賜，要心懷感激。

四、土生巨石碑

口述者：黃德勇

族名：Komod bulaw（古穆・布勞）

族別：撒奇萊雅族

出生：1950年11月14日

地點：花蓮市撒固兒部落（國福里）

採錄者：田哲益

採錄時間：2018年10月27日

⋯⋯⋯⋯⋯⋯⋯⋯⋯⋯⋯⋯⋯⋯⋯⋯⋯⋯⋯⋯⋯⋯⋯⋯⋯⋯⋯

　　傳說撒奇萊雅的始祖，是從土地上長成誕生的，男始祖和女始祖成了「土地神」。撒奇萊雅族人相信土地就是生命，所以生育後會把胎盤和臍帶埋在土地裡，做為保護孩子的守護神。人的一生終結時，「土地神」又將靈魂包覆起來，並且引領他回到祖靈之地。

　　「土地」是人類賴以生存的憑藉，地球上所有的動植物也是依賴土地而生活。如果沒有土地，宇宙將不會有人類出現，所有生物也將都不會存在。

　　「土地」是指地球上大自然的陸地，是冥冥中所贈予人類的物質。土地即土壤，是實現勞動過程和任何生產的必要條件。土地是採集、狩獵、農耕生產等最基本的要素，同時也是人類生活的基本要素。

　　撒奇拉雅族人對「土地」的態度，是敬畏的，是感恩的。他們相信男女始祖是從土裡誕生的，把男女始祖奉為「土地神」祭拜。

土生巨石碑

火燒巨石碑

五、火燒巨石碑

口述者：黃德勇
族名：Komod bulaw（古穆‧布勞）
族別：撒奇萊雅族
出生：1950年11月14日
地點：花蓮市撒固兒部落（國福里）
採錄者：田哲益
採錄時間：2018年10月27日

....

　　撒奇萊雅族人曾經在「達固部灣戰役」時，部落被清軍火燒攻擊，族人瘋狂的亂竄、狂奔，場面十分狼狽，慘不忍睹。自此族人逃難流離失所，遁入他族的部落中隱姓埋名。戰後伴隨的恐懼與痛苦，一百多年來一直無法弭平。2006年7月1日，族人舉行了「百年首次火神祭」，祭祀戰時為族人犧牲性命的勇士，這才開始緩解了族人的情緒與桎梏。

　　「火」是人類文化發展史上最重要的物質，促進文明的堆動與進展。唯「水火無情」，水能載舟亦能覆舟，火災者直接威脅人的生命與安全。

　　火會迅速蔓延，會讓人類及野生動物處於危險甚至無處可逃的境況。撒奇萊雅族在烈火中「毀滅」，又在烈火中「再生」，千古的生命力，流露出奮發向上的人生追求。同時也帶給人們無限的啟發與鼓勵。

「達固部灣」部落在一場大火中化為灰燼，全部化為烏有，被大火燒了個一乾二淨，一生的心血與成果盡付在大火中。但是災難並沒有消滅撒奇萊雅族人的信心，熊熊大火並沒有燒掉族人的心。「火燒巨石碑」自有其價值與意義，就是「重生」。

　　失敗與挫折當然會帶給族人們失望，不過也給人們烈火中重生的機會與願景。在人一生的路途中，都會遭到一些荊棘絆倒，摔倒了躺在地上無論怎樣呻吟，終究無濟於事，馬上勇敢的站起來才有新的希望！清軍給撒奇萊雅族的「大火」，雖然燒掉了所擁有的有形物質，但是卻燒不掉族人的思想意識，隨時可以重新來過！世人大多執著於有形物質，就會忽略了無形的精神力量，因而很難走出失敗與挫折的泥沼。一個人只要不自暴自棄，就不會缺少重新站起來的機會。

　　唐代白居易的〈賦得古原草送別〉：「離離原上草，一歲一枯榮。野火燒不盡，春風吹又生」。小草即使已經枯萎，但它卻一直堅持著不願輕易倒下。當溫暖的春風吹來時，枯草就會再生，從已燒焦的草根下又會長出旺盛的新草。並在陽光雨露下茁壯成長，長成一片離離的草原，又生發出一片蔥綠。人生中也應該保持一種樂觀豁達的態度，在遇到失敗與挫折時絕不輕言放棄。

　　以上「風吹」、「雨淋」、「土生」、「火燒」是「神」所能夠做的，也就是「神的職責」，不是人的能力可以為之。人要服膺神的要求，愛護大自然，做好「人的職責」，就是「敬神」、「勤勉」、「自愛」、「愛人」。

六、敬神巨石碑

口述者：黃德勇
族名：Komod bulaw（古穆・布勞）
族別：撒奇萊雅族
出生：1950年11月14日
地點：花蓮市撒固兒部落（國福里）
採錄者：田哲益
採錄時間：2018年10月27日

⋯⋯⋯⋯⋯⋯⋯⋯⋯⋯⋯⋯⋯⋯⋯⋯⋯⋯⋯⋯⋯⋯⋯⋯⋯⋯

　　造物神創造大地，將大自然賜給人類做為生活的依靠及活動的空間，要求人類珍惜、愛護、尊敬，視大自然萬物如父母、手足。但人類漸漸露出貪婪的本性，忘記神的旨意，開始破壞大自然。為了爭奪財富與資源，人與人之間開始對立、互相廝殺、毀滅對方。大自然的反撲是人類破壞環境的結果。大洪水、大地震、大颱風等，造成許多妻離子散，無處可歸。地球暖化，造成地球生態的威脅。所以要「敬神」，「敬神」就會尊敬大自然，不會大肆破壞大自然。「敬神」才會受到神明的眷顧與保佑，永世永年。

　　撒奇萊雅諺語：「福通在陸地放置魚籠，海神在海裡種田」（pabobo ci botong i tokos，kabid paloma' I liyal），尊敬神明，以明哲保身。botong（福通）是撒奇萊雅族的智慧之神，祂可以在陸地上放置魚籠捕魚，也發明了通天雲梯和耕田的陀螺。而

kabid（海神）在海中所種的樹木和陸地上的森林一樣盛密，祂也能在深海中種五穀雜糧。神能做到許多人類做不到的事，因此，時時尊敬神明，才能明哲保身。①

敬神巨石碑

勤奮巨石碑

　　撒奇萊雅族諺語：「依祖先倫理行事，其人生寬廣明亮」（I lisaysay no toas midemak，pahenal kon kaorip），為人處事依據倫理及前人經驗，其前途將寬廣明亮。②

　　lisaysay no toas為固有生活規範之意。因其信奉的神明如太陽神、海神、山神、地岩神等均是大自然的具體形象。所謂信仰其實就是尊重大自然。人是大自然的一份子，依靠著大自然而生存，人人尊重大自然，喜愛大自然，生活必然和諧、安全、舒適。③

七、勤奮巨石碑

口述者：黃德勇
族名：Komod bulaw（古穆・布勞）
族別：撒奇萊雅族
出生：1950年11月14日

地點：花蓮市撒固兒部落（國福里）

採錄者：田哲益

採錄時間：2018年10月27日

．．．

　　「早起的鳥兒有蟲吃」，族人「勤奮」工作，才能夠生活無虞。「懶惰」是人最大、最嚴重的「致命傷」。所以立「勤奮巨石碑」訓勉後代子孫奮發、勤快，才能過著幸福快樂的日子。「撒固部灣戰役」後，族人為免被清軍繼續屠殺，逃難四處，過著挨餓的躲藏生活。俗語說：「一勤，天下無難事」。由於族人的「勤奮」建立家園，今天才能夠昂然抬頭挺胸立足於世間。

　　撒奇萊雅諺語：「以地當被，以草當衣」（sipada to rara'，sizikoc to tobah），披荊斬棘，創業維艱。撒奇萊雅人因逢戰亂，逃難來到異鄉，開墾荒地建立新家園。初到時，窮得一無所有，為了生存，白天在樹蔭下煮吃，夜晚住在洞穴裡，鑽入乾草取暖睡覺，直到新家園建立完成。艱苦的日子裡，以土地為被，乾草當衣，形容開疆拓土，披荊斬棘，創業惟艱之意。④

八、自愛巨石碑

口述者：黃德勇

族名：Komod bulaw（古穆‧布勞）

族別：撒奇萊雅族

出生：1950年11月14日

地點：花蓮市撒固兒部落（國福里）

採錄者：田哲益

採錄時間：2018年10月27日

....

　　族人要「自愛」，才會得到天上神明的眷顧，如果不自愛，絕對不會被天神保佑。「敬神」、「勤奮」、「自愛」、「愛人」是族人的自覺與覺人的警語，是屬於人所能夠做到的職責。希望族人都能夠深刻體會、身體力行，邁向美好幸福的生活。

　　「潔身」，是期許自身行為純淨端正；「自愛」，則是懂得珍惜自己的身體、珍重自己，也可以解釋自己要約束自己。例如言行舉止、待人接物等方面，重視人格和名譽。淨化心靈，在正確的社會秩序狀態下生活著，上天也才能為你做出真正幸福的安排。

　　「自愛」是「內省智慧」，「內省」是內在世界學習，用心去感受周圍的一切。敞開自己，讓所經歷、所領悟的，成為承擔責任的能力。明白自己的內在世界，亦即有「自知之明」，進退有度。

　　珍惜自己，能從容地活在人前。最重要是因自愛而能對人尊重、關懷，能設身處地看待人。自己愛自己，尊重自己，才會得到他人的愛護和尊重。愛護自己是最重要的。自己尊重自己的同時也愛護別人。

「自愛」是對生命敬畏和珍惜，使人看重自己，珍惜每一個學習機會，努力充實自己，追求知識；修身立德。因此而發展自己其他多方面的美善氣質。

自愛巨石碑　　　　　愛人巨石碑

九、愛人巨石碑

口述者：黃德勇

族名：Komod bulaw（古穆‧布勞）

族別：撒奇萊雅族

出生：1950年11月14日

地點：花蓮市撒固兒部落（國福里）

採錄者：田哲益

採錄時間：2018年10月27日

族人能夠彼此相愛，部落社會才能夠和諧有秩序，部落之不協調，起因於「不相愛」。除了「自愛」之外，推而及之「愛人」，則社會充滿溫馨，部落才能夠過著真正快樂溫和的生活。

人可以從學習愛自己來培養自尊；從欣賞別人來學尊重；從與朋輩相處中認識自己，學會「愛人」。

　　「自愛」的人，是肯真正面對自己，並且因在自愛中而自然也「愛人」，這是「自愛」的人必有的表現。一個懂得尊重自己的人，也會換來別人同樣的尊重與關愛。就是人飢己飢，人溺己溺的精神。

　　《孟子‧離婁下》曰：「君子所以異於人者，以其存心也。君子以仁存心，以禮存心。仁者愛人，有禮者敬人。愛人者人恆愛之，敬人者人恆敬之」。

十、陀螺

採錄地點：花蓮市撒固兒部落文化祭祀廣場
採錄者：田哲益
採錄時間：2018年10月27日

　　陀螺是撒奇萊雅族的神聖之物，象徵著智慧與文化的開端，更具有祈禱五穀豐收之意。紅、白、綠、黑、藍五色使者是本族每年一度火神祭儀中重要的儀式引導者，紅色象徵傳承智慧（長智慧）；白色點燃光明的未來（求順遂）；綠色去除厄運及晦氣，帶來健康（除晦氣）；黑色讓厄運退散，帶給人們幸運（避厄運）；藍色祈求天降甘霖、五穀豐收（降甘霖）；每一座陀螺牆（撒固兒部落祭祀廣場）由六個陀螺組成，除

象徵智慧之神的陀螺

撒奇萊雅族男女花燈（南投燈會）

了代表五色神聖的意義外，更祈求行經的民眾能夠圓滿、幸福。在撒奇萊雅族傳說中，有一個愛玩陀螺的天神，名叫福通（Botong），他做了許多陀螺，將陀螺轉動，頓時便完成了開墾，接著又種下了甜瓜子與苦瓜子，甜瓜子長出稻米，苦瓜子長出小米。後來福通（Botong）教族人許多有關耕作的技術與祭祀的禮儀，後人尊稱他為「智慧之神」與「文化之神」。⑤

　　「陀螺是撒奇萊雅族的神聖之物，象徵著智慧與文化的開端，更具有祈禱五穀豐收之意」。「撒固兒部落文化祭祀廣場」的每一座陀螺牆，由六個陀螺組成，紅、白、綠、黑、藍五色使者的顏色都是陀螺牆組成的六色之一（代表五色神聖的意義）。每一種顏色都有特定的意義，民眾或遊客可以用手輪轉陀螺，為自己祈求智慧、光明與幸福人生。
　　台灣原住民族傳統祭儀與生活中，把陀螺與農耕祭儀聯繫者，除了撒奇萊雅族外，還有阿美族和布農族兩族。

【注釋】

① 帝瓦伊・撒耘《阿美族群諺語》，台北，德英國際公司，2005年9月，頁191。

② 同注①，頁110。

③ 同注②。

④ 同注①，頁182。

⑤ 撒固兒部落文化祭祀廣場解說牌。

第七章

撒固兒部落
入口意象傳說故事

進入花蓮市國福里撒固兒部落有個入口意象和撒奇萊雅族解說牌。入口意象包括「隱姓埋名」、「平原的火光」、「火神柱」、「火神太柱」、「重返榮耀」、「福通陀螺」等。

一、隱姓埋名

口述者：黃德勇

族名：Komod bulaw（古穆·布勞）

族別：撒奇萊雅族

出生：1950年11月14日

地點：花蓮市撒固兒部落（國福里）

採錄者：田哲益

採錄時間：2018年10月28日

　　「達固部灣戰役」戰敗後，撒奇萊雅族人開始流離失所，過著到處逃竄的生活，白天躲藏起來，晚上才啟程再尋覓次日的躲藏地點，這樣的日子也有一段時日。因為是緊急逃難，逃難的路途上沒有食物可以吃，因此不少人死亡了，尤其是嬰兒、孩童，死的更多。這真是撒奇萊雅族人創族數千年來，最辛苦、難熬與悲痛的日子。所幸阿美族人憐憫，拿水與酒給族人解渴，使撒奇萊雅族人「重生」的意念更加強烈。部分族人隱居躲藏於阿美族部落，與阿美族人混居，也受到阿美族人的隱藏與保護，所以至今撒奇萊雅族人永遠感謝阿美族人的救命之恩。

「達固部灣戰役」後，撒奇萊雅族人被迫之下，各部落舉家遷徙他處，離開世居竹林環抱的城堡。所幸阿美族人憐愛惜鄰，使五個聚落族人漸次的重建自己的部落和家園。除了磯飽干社在

日據初，分散遷徙至Mayabul（馬立雲，瑞穗鄉舞鶴村北邊）、Cilakayan（磯拉蓋岸，鳳林鎮山興里）外，Cibalbalan（磯巴巴蘭）因齊鄰東昌村（阿美族部落，吉安鄉東昌部落）而被同化，至今已然忘族。其他三個聚落都以原聚落名遷徙他處。如Ciwylian（知威里岸，壽豐鄉水璉部落）、以及撒固兒、達固部灣聚落齊聚於「歸化社」，日據改為佐倉Sakul（撒固兒，花蓮市國慶里及國福里）。承載著歷史傷痛的撒奇萊雅族人，自此「隱姓埋名」混居於阿美族各社之間，族名雖然暫時消失歷史舞台，然而撒奇萊雅人並不因此而頹喪，生活中依然展現歡顏與自信。①

其他台灣原住民族遷徙他地，也有沿用舊地名的習慣，以表示懷念故土。例如原來居住在平原南投埔里盆地的布農族卓社群人，因為土地被漢族搶奪和殺戮，便舉族遷徙至中央山脈深處躲藏與避難，他們新建立的部落叫做「卡比然」（Qabizan），「卡比然」原來就是布農族卓社群族人居住埔里盆地的舊地名，遷徙新地仍然沿襲舊部落地名，以表示「懷思」。這種地名命名法稱為「懷舊名型」。日本人也有這個習俗，例如將撒固兒稱「佐倉」（Sakula），吉安鄉稱「吉野」等。

達固部灣部落反抗清軍失敗後，族人因而流離四處。根據日本學者移川子之藏記錄撒奇萊雅族的遷徙口碑資料顯示，最初族人定居住在kobo三仙河北北鄰（今花蓮市國富、國強、國慶里，亦即花蓮新站到明廉國小、四維高中一帶），因為與清兵戰敗而逃到附近的阿美族薄薄社內。在此又遭到清兵追擊，於是一部分族人又逃到歸化社東南、十六股之西，後被追擊，遂四散各地。不久之後與清兵達成和議，逃散各地的族人陸續回來集居，遂設

撒固兒部落隱姓埋名入口意象

撒固兒部落平原的火光入口意象

立「歸化社」。②

　　由日人所記錄的「歸化社」入口碑資料可知，達固部灣事後數年之間，族人為躲避清軍追擊，因而四處走避，造成了達固部灣部落的瓦解。隨後族人雖與清兵達成和議能夠回到原居地居住，但部落已被定名為「歸化社」，「歸化」二字的意涵，也述說了撒奇萊雅族人在主流政權勢力鎮壓下的「歸化」，族群文化受到壓迫而日漸萎縮，加上長期與阿美族混居的結果，撒奇萊雅族便在台灣東部族群歷史上沉寂了很長的一段時間。③

二、平原的火光

口述者：黃德勇

族名：Komod bulaw（古穆‧布勞）

族別：撒奇萊雅族

出生：1950年11月14日

地點：花蓮市撒固兒部落（國福里）

採錄者：田哲益

採錄時間：2018年10月28日

....

　　在「達固部灣戰役」之前，撒奇萊雅族是奇萊平原最強大的族群，是平原上散發火光的民族。直到一百四十年前（1878年），徹底改變了撒奇萊雅族的命運，撒奇萊雅族群差一點被清軍火燒攻擊而滅族，族人逃散各地「隱姓埋名」。至2007年1月17日才恢復族名

「撒奇萊雅族」。

　　數千年來，撒奇萊雅族人世居於花蓮的奇萊平原（花蓮市），其傳統部落分布也只有在奇萊平原這個地方。其勢力範圍大約在立霧溪以南，木瓜溪以北，為該地區勢力最強的族群。其中最強大的部落稱為「達固部灣」（Takobowan）部落。曾經是奇萊平原上最耀眼的族群。

　　撒奇萊雅族曾經是奇萊平原（花蓮市）最強大的族群，「達固部灣戰役」後，阿美族七腳川社一舉成為奇萊平原最大的部落，直至後來七腳川事件後才式微。

三、火神柱

口述者：黃德勇

族名：Komod bulaw（古穆・布勞）

族別：撒奇萊雅族

出生：1950年11月14日

地點：花蓮市撒固兒部落（國福里）

採錄者：田哲益

採錄時間：2018年10月28日

....

　　「撒固部灣戰役」，當撒奇萊雅勇士還在與清軍殊死鬥時，頭目Komod padiek（古穆・巴立克）已知大勢已去，立即叫族人撤退逃難。為了爭取族人撤退逃難的

黃金時間，毅然決然與妻子Icep kanasau（伊婕·卡娜哨）前往敵營投降，視死如歸，千軍萬馬吾往矣。結果被俘虜。戰爭結束後被處以凌遲處死極刑，行刑極為殘忍，慘無人道，從早上九點鐘開始凌遲用刑，體膚一片一片被割下將近一千刀，最後於下午黃昏入夜五點三十五分鐘，壯烈犧牲。

「達固部灣戰役」後，族人隱姓埋名，四處逃難。四萬七千多個日子過去了，上萬個為了保護家園而犧牲生命的祖先們，129年來，始終無法獲得奉祀。撒奇萊雅族人特追祀當年英勇的頭目Komod padiek（古穆·巴立克）封為「火神」。永遠接受人們的奉祀。祈求造福族人，庇佑族人。

在撒固兒部落入口意象有一高聳的「火神柱」神柱，「火神」穿著褲子以別於穿著裙子的「火神太」神柱。火神的頭上是燃燒炙烈的火焰，「火」代表戰死的祖先和火神、火神太的鮮血。

頭目Komod padiek（古穆·巴立克）的祈禱詞：「caay kaw kilang ko ramadacay，o sera ko siba locoay」。旨：民族存續不在個人能力，而在族人堅強的民族意識。義：不是樹的挺直強壯，而是土地有心。④

kilang（樹）代表「個人」及「生命」，sera（土地）代表「群體」和「文化」。1878年（光緒四年）花蓮市一帶的撒奇萊雅族群為了保護土地，而與清軍發生戰爭，史稱「加禮宛戰役」（達固部灣戰役）。本則諺語出自撒奇萊雅族宣戰儀式中，大阿瑪（大頭目）Komod pazik的祈禱辭。最後，撒奇萊雅族人戰

敗，Komod pazik大阿瑪被清軍統領吳光亮處以凌遲極刑而壯烈犧牲，此語因而為代代撒奇萊雅族人所傳頌。⑤

四、火神太柱

口述者：黃德勇
族名：Komod bulaw（古穆・布勞）
族別：撒奇萊雅族
出生：1950年11月14日
地點：花蓮市撒固兒部落（國福里）
採錄者：田哲益
採錄時間：2018年10月28日

....

　　「達固部灣」部落被清軍火燒攻破後，族人流竄各地，隱身於阿美族之中，直至2007年才正名成為「撒奇萊雅族」。為紀念在「達固部灣戰役」中慘烈喪生的頭目古穆夫婦，將古穆・巴立克（Komod padiek）追封尊為「火神」，夫人伊婕・卡娜哨（Icep kanasau）則追封尊為「火神太」。以緬懷頭目夫婦鶼鰈情深，誓死不離的高尚情意。「火神太」的頭上也是炙烈的火焰。

　　在撒固兒部落入口意象有一高聳的「火神太」神柱，「火神太」穿著裙子以別於穿著褲子的「火神」神柱。

撒固兒部落火神太神柱入口意象

五、重返榮耀

口述者：黃德勇
族名：Komod bulaw（古穆‧布勞）
族別：撒奇萊雅族
出生：1950年11月14日
地點：花蓮市撒固兒部落（國福里）
採錄者：田哲益
採錄時間：2018年10月28日

....

　　撒奇萊雅族人的「正名運動」，首先是李來旺（帝瓦依‧撒耘）校長投身收集撒奇萊雅族即將失傳的語言和口述歷史為嚆始，讓族人慢慢覺醒起來，也重新喚起民族的傷痛記憶。數年後，族人終於獲得共識，回歸「本我」與「自我」。由撒固兒部落為主導，聯合推動撒奇萊雅族各部落發起「正名運動」，幾經奔走，終於在2007年1月17日，正式成為台灣原住民第

撒固兒部落導覽圖（撒固兒部落入口意象）

十三族「撒奇萊雅族」。脫離了一百多年來「隱姓埋名」的躲藏日子，「重返榮耀」，再創「平原的火光」。對於數千年來的祖靈們，做了圓滿的交代，了然無愧於心了。

　　撒奇萊雅族曾經是奇萊「平原上的火光」，但是在1878年，這個璀璨的火光熄了。129年後（2006年7月1日）舉辦「百年首次火神祭」，重新燃起百年前的「火光」。我們虔誠慶賀撒奇萊雅族「重返榮耀」，「火光」千秋熠熠，萬年永世。

火神祭（撒固兒部落磁磚故事牆）

六、福通陀螺

採錄地點：花蓮市撒固兒部落（國福里）
採錄者：田哲益
採錄時間：2018年10月28日

　　「福通！福通！幸福亨通！一轉增智慧，再轉得平安，三轉享幸福。進考之人虔誠繞轉必得高分，煩心之人虔誠繞轉必得平靜」。撒奇萊雅族（Sakizaya）創世神話中，福通（Butung）是天上下凡的天神，他邂逅取水女子固兒密（Kulem），兩人相戀成為眷屬。福通製作許多巨大陀螺，將它們轉動開墾田地，種植稻米、小米供養族人。亦傳授農耕知識與祭祀禮儀，後世於是尊稱他為「智慧」、「文化」之神。下凡多年後，福通須返回天上，已有身孕的妻子堅持跟隨，兩人前後攀登天梯，但她登頂前發出了聲響，於是梯子斷裂，便從天墜落而香消玉殞，破裂的肚裡，蹦出了鹿、豬、牛、雞等動物，固兒密（Kulem）成了傳說中的「動物之神」及「雨水神」。斷裂的梯上截，掉落在馬立雲附近，成為「掃叭石柱」，梯腳則留在花崗山頂。族人們懷念福通恩澤，在祭祀時會擺上許多陀螺，據傳，撫觸或轉動大陀螺，會獲得智慧、平安與幸福。福通天神不喜吵雜，信眾務請安靜、虔誠、輕撫陀螺繞轉三圈，許下心願必有福報。⑥

本解說牌敘述了撒奇萊雅族信仰之「智慧之神」、「動物之神」及「雨水神」的緣由。「智慧之神」福通是「天人」，與凡間女子相戀成婚，這也是一則「人神婚」的故事。

　　福通製作巨型陀螺，用以開墾田地，種植稻米、小米等供養族人，也傳授族人農耕知識與祭祀禮儀，於是族人獲得了農耕知識，生活就無虞了。自此族人也開始了舉行祭祀儀典。族人為緬懷福通，就封他為「智慧之神」和「文化之神」。

　　當福通返回天庭時，其妻固兒密已經懷有身孕，也跟隨著回天上。他們爬上天梯回天上（在今花崗山頂上），當只差一步就到達天庭時，固兒密發出了聲響，梯子斷裂了，便從天墜落下

撒固兒部落福通陀螺入口意象

來。她的肚子裡蹦出了鹿、豬、牛、雞等動物，於是族人就有野獸可以狩獵了，族人封固兒密為「動物之神」及「雨神」。

他們攀登的天梯上截，掉落在瑞穗鄉馬立雲部落附近，成為今天「掃叭石柱」遺址。

據說轉動這個巨型陀螺，可以「一轉增智慧，再轉得平安，三轉享幸福。進考之人虔誠繞轉必得高分，煩心之人虔誠繞轉必得平靜」。也成為撒固兒部落族人祈福的圖騰。

撒固兒部落重返榮耀入口意象

【注釋】
① 撒固兒部落入口意象解說牌。
② 移川子之藏等著《台灣高砂族系統所屬の研究》，台北帝國大學土俗人種學研
　　究室（1935），第502。
③ 劉秀美、魏美玲、賴奇郁、蘇宇薇《火光下的凝召》，花蓮，花蓮市公所出
　　版，2011年3月，頁22。
④ 帝瓦伊‧撒耘《阿美族群諺語》，台北，德英國際公司，2005年9月，頁37。
⑤ 同注④。
⑥ 同注①。

第八章

撒奇萊雅族的
神祇神話與傳說故事

撒奇萊雅族人相信萬物有靈，是屬於泛靈崇拜，認為超自然的力量是無所不在的，人類無法得知其真實的位置與方位，祂隨時隨地就在你的周邊，只有祭司或巫師才能夠看得到祂而與之溝通和祈求……

一、撒奇萊雅族的神靈與祖靈

口述者：黃德勇

族名：Komod bulaw（古穆‧布勞）

族別：撒奇萊雅族

出生：1950年11月14日

地點：花蓮市撒固兒部落（國福里）

採錄者：田哲益

採錄時間：2018年10月28日

　　撒奇萊雅族人與台灣其他原住民族傳統宗教信仰多為泛靈信仰，他們稱神靈為Dito（其中包含祖靈）。族人相信Dito具有超自然的力量，祂無所不在，隨時監視著族人日常生活的一切，族人在日常行為中，在Dito的監察下，無所遁形。所以要「敬神」、「勤奮」、「自愛」、「愛人」。

　　傳說人的生命是受到Dito的影響，人的出生是因為神靈（Dito）附著於身體內，女人受孕也是因為有神靈的存在。人的身影存在於身體內，當一個人死亡後身影也就脫離了身體。

　　撒奇萊雅族神靈Dito也包含有祖靈的存在，而祭司（Mapalaway）則是與神靈和祖靈溝通的人物。祭司有

男有女，但一般女多於男。

　　傳說祖靈的形象往往是穿著紅色的衣物，但是並非
一般人可以看得見，只有祭司才能看得到。

　　當人們死亡之後，dito屬於死亡之靈，他的靈魂會通過米崙
山（今美崙山）的凹處，朝向東方，向大海的方向飄去。而撒奇
萊雅族在祭祀時，所有的祖靈又會從海邊穿過米崙山回到祭祀之
地，這些祖靈的型態，往往是穿著紅色衣物，但是並非一般人可
以看見的，必須是祭司（Mapalaway）始可看見。①

　　族人把祖靈視為穿著紅色的衣物，可能是源於140年前族人
在「達固部灣」戰役時，遭清軍火燒滅族，族人對被火燒死的祖
先形象的深刻記憶，悲慘的烙印無法釋懷。

　　撒奇萊雅族人相信萬物有靈，是屬於泛靈崇拜，認為超自然
的力量是無所不在的，人類無法得知其真實的位置與方位，祂隨
時隨地就在你的周邊，只有祭司或巫師才能夠看得到祂而與之溝
通和祈求。

傳說只有祭司才能夠與神靈溝通（撒固兒部落磁磚故事牆）

二、土地神

採錄地點：花蓮市國福國小故事牆
故事來源：李逸偉
採錄者：田哲益
採錄時間：2018年10月28日

　　太古時候，在花蓮市的美崙山，在東北方靠近海濱的一角，有一位男子名叫Botoc，和一位名叫Sabak的女子分別出生。但是他們不是母親胎生的，而是天神用大地和海鹽所孕育而出的，最後從土地上長成誕生。這兩人是撒奇萊雅的始祖，由於他們來自土地，因此成為撒奇萊雅族的土地神，同時也使得撒奇萊雅族崇拜土地、愛惜土地，也信仰土地。撒奇萊雅族祖先靠海吃海，他們將吃過的貝殼，在始祖誕生之地堆積成為一座小山丘，因此，這個貝殼所堆積的山丘稱為Nalalacanan，這裡就是撒奇萊雅族的發源地。由於撒奇萊雅族人相信土地就是生命，撒奇萊雅族的母親，在子女出生之後，會把胎盤和臍帶埋在自己住家中的土地裡，因為族人相信這些母親肚子裡的保護滋養胎兒的胎盤、臍帶，埋在土地之後會化為孩子的守護神，繼續保護孩子長大成人，直到生命結束。當孩子停止氣息之後，母親的胎盤、臍帶，形成的守護神，會將孩子的靈魂包覆起來，引領他一起回到祖靈之地。

　　本則傳說謂撒奇萊雅族的始祖叫做Botoc（男）和Sabak（女），他們是「天神用大地和海鹽所孕育而出的，最後從土地上長成誕生」。則始祖是屬於「始祖土生說」。始祖後來也成為土地神信仰，則撒奇萊雅族人的土地神有兩位，Botoc（男始祖）和Sabak（女始祖）。

　　為紀念始祖的誕生之地，族人將吃過的貝殼堆積而成小山丘，稱為Nalalacanan。位在花蓮市的美崙山，在東北方靠近海濱的一角。

　　撒奇萊雅族人相信土地就是生命，所以女子生育後，即把胎盤和臍帶埋在自家的土地裡，相信它將是一路保護孩子的守護神，也是人的生命結束時，將人的靈魂包覆起來，引領他一起回到祖靈之地的守護神。

　　1931年，日人古野清人提及有關「歸化社」（撒固兒部落）農耕祭儀，撒奇萊雅族人和漢族人一樣也祭拜土地神，正月時還會將拜拜的銀紙插在田裡祈求豐收。

傳說撒奇萊雅族的始祖就是土地神（國福國小故事牆，蕭巨杰繪）

撒奇萊雅族日治時期部落（撒固兒部落磁磚故事牆）

三、風神

口述者：黃德勇
族名：Komod bulaw（古穆・布勞）
族別：撒奇萊雅族
出生：1950年11月14日
地點：花蓮市撒固兒部落（國福里）
採錄者：田哲益
採錄時間：2018年10月27日

　　「風神」有四面，代表天神（Malatao）、地神、祖靈、頭目和火神太。「風神」被風吹拂即會轉，其意義是招引地神和在「達固部灣戰役」犧牲的英靈（包括小祖靈）進入並引領蒞臨祭場，接受族人虔敬的祭拜與饗宴和娛靈（族人與神靈共舞）。

　　風是氣候的主要因素，事關濟時育物。「風神」乃是司掌風的神祇。風神崇拜：一則是基於風和方向的信仰，二是季節的聯結所產生的風神信仰。

2006年7月1日火神祭台

　　撒奇萊雅「火神祭」，祭場上的「風車」，它的作用就是招引神靈正確的方向進入祭祀現場與族人共同活動，接受祭饗。「風車」與漢族人的「招魂幡」的作用類似。

大洪水時茄苳樹曾經救過撒奇萊雅族人（撒固兒部落磁磚故事牆）

四、木神

口述者：黃德勇

族名：Komod bulaw（古穆・布勞）

族別：撒奇萊雅族

出生：1950年11月14日

地點：花蓮市撒固兒部落（國福里）

採錄者：田哲益

採錄時間：2018年10月27日

樹木曾經救過撒奇萊雅族人，例如傳說中的姊弟祖先，就是乘坐木船捕魚，遇到颱風，就被海水漂流到了台灣。又傳說中，遠古的時候，發生大洪水掩沒地球，只有爬上茄苳樹的族人倖存，撒奇萊雅族人才能夠綿延至今。撒奇萊雅族人感謝樹木曾經救過族人，於是就舉行「木神祭」（padungiya' akilang）感恩樹神。

　　撒奇萊雅族人凡事「感恩」、「敬神」，是一個很溫馨的民族。受人點滴，會湧泉以報。

女子舞蹈（撒固兒部落磁磚故事牆）

男子舞蹈Lukyau（撒固兒部落磁磚故事牆）

五、山神

採錄地點：花蓮市國福國小故事牆
故事來源：李逸偉
採錄者：田哲益
採錄時間：2018年10月28日

　　相傳在水璉部落北方海岸山脈最高點，山形象斗笠的saong，就是巨人kadabowang長眠之處。古代有一位巨人叫kadabowang，他心地善良，和當地居民和平共處，也娶了位姑娘，生了一個小孩。有一天，kadabowang在田裡工作，都等不到妻子送午飯來，不耐煩的他，站起來，所掉落的土屑便堆積成了海岸山脈，隨手丟的土堆就變成美崙山。他心急的跑回家，卻發現兒子被自己不小心踩死，在家的妻子竟然被野狗咬死了。從此以後，他無心工作，每天迷茫的過活，餓了就偷拿族人的糧食吃，族人發現小偷是kadabowang，感到很吃驚。Kadabowang為自己的行為感到慚愧，也不想在世上獨活，便要求族人將他處死。他說「千萬不可以刺破我的膽，還有將我的頭朝南，腳朝北的埋葬」。但是，粗心的族人，還是不小心弄破他的膽，於是膽汁流到了海中，使得海水變得又鹹又苦，再也不能拿來飲用。睡臥在海岸山脈的kadabowang，便成了「山神」，永遠保護著附近的部落。水璉人認為有他的

庇佑，才使流浪至此的撒奇拉雅族人能夠安身立命。
Saong旁有一正三角形的小山峰，稱為Tiway kalang，是
紀念水璉的創村頭目Tiway kalang，他曾空手搏殺一頭
台灣黑熊。另外，水璉部落的飲用水，也多來自於此
山。因此水璉人非常尊敬此聖山。

山神卡達孚旺（撒固兒部落磁磚故事牆）

本則傳說故事敘述花蓮縣壽豐鄉水璉部落「巨人」kadabowang（卡達孚旺）的故事。他死後成了「山神」。據說海水變得又鹹又苦，再也不能拿來飲用，是因為他的膽汁流到了海中。

山神卡達孚旺（撒固兒部落磁磚故事牆）

敘述Saong小山峰稱為Tiway kalang，是紀念水璉的創村頭目Tiway kalang，他很勇敢強壯，曾經空手搏殺一頭台灣黑熊，族人很尊敬他。目前水璉部落的飲用水，也多來自於Tiway kalang山，水璉人對於Tiway kalang山提供水源，所以很尊重Tiway kalang山，把這山尊為「聖山」。

【注釋】

① https://www.apc.gov.tw/portal/docList.html？CID=0F21B3DE621E6880&type=
A281488B606D9313D0636733C6861689。

第九章

撒奇萊雅族智慧之神福通神話傳說故事

「掃叭遺址」位於縱谷秀姑巒溪流域旁的古老紅土台地上，從遺址出土遺物與石柱遺跡研判歸屬新石器時代晚期「卑南文化」，年代距今約3000年。1930年代著名的日籍民族考古學者鹿野忠雄有詳盡的側繪與研究。「掃叭石柱」為台灣已知最高大石柱遺跡，受到考古學者們的關注，鄰近撒奇萊雅族和阿美族部落，至今仍傳唱著與石柱有關的祖源禁忌傳說……

一、Botong的神奇傳說故事

口述者：黃金文

族名：Nowa watan

族別：撒奇萊雅族

採錄者：劉秀美、魏美玲、賴奇郁、蘇宇薇《火光下的凝召》

有一個少婦產下了一個阿里嘎蓋的兒子，這件事只有她自己知道。這個孩子叫Botong，他非常的聰明乖巧，其他小孩子抓不到的鳥，他都有辦法抓到。去捕魚時，別人的魚永遠沒有他多。但部落中多數耆老講述時說Botong是一位神人，林黃秀菊女就說，Botong從天上降入凡間，愛上一個撒奇萊雅女子Goolume，於是他們便在一起。Botong是鬼神的孩子，他躲在以前撒奇萊雅族專用的水井，女人彎著腰用瓜瓢去取水時，Botong就冒出頭來，前面的女人都說：「阿！有鬼有鬼！」然後砲掉，Goolume排在最後一個，雖然聽到前面的人喊有鬼，但是還是要提水啊！Goolume只好很勉強地去提水，這時Botong從水井跳出，也對Goolume說：「不要怕我呀！」Goolume並不害怕，談著談著，他們就陷入愛河，一起回家了。

Botong因為是鬼神，所以不會也不善於工作，每天都在嬉戲遊玩，當開墾季節來臨時，他卻在岳父母家裡整天都做陀螺。父母問他：「你做陀螺幹嘛？」他一句話也不說，仍然做著陀螺。當別人都去開墾，準備種小

米、早稻，Botong仍在做陀螺。岳父母見狀認為他是一個懶惰的人，於是很不開心地責罵Botong，他仍然一句話也不說，繼續做著陀螺。當陀螺做到一個牛車的數量以後，他把陀螺運到野外寬闊的地方（據說是美崙工業區），他把陀螺排成一直線，將陀螺一個個轉，陀螺就開始往地底下去鑽，把整片地的樹根、草根全部鏟起來。那天烏雲密佈，灰塵滿天飛，全部落的人覺得奇怪，怎麼有嗡嗡嗡的聲音，天空暗暗的，部落的人都去圍觀，他的小舅子就告訴村民說：「是Botong的陀螺在地裡面開墾。」大家都不相信，但是小舅子也沒辦法解釋，因為一般人是沒有辦到的。整個荒地開墾完後，突然間草木都往四周圍堆起來了，人們並沒有看見陀螺什麼時候把樹幹弄到旁邊，整片土地清潔溜溜的，大家只覺得太神奇了。Botong回去告訴岳母土地整好了。岳母不相信，大家就叫岳母自己去田裡看，岳母看了以後非常開心，對於之前誤解Botong而感到不好意思。到了要種稻或是小米的時候，岳母又開始討厭Botong了，因為只有Goolume和媽媽在種小米，Botong都不幫忙，而且還說不要種小米，卻種了絲瓜、胡瓜、南瓜。整片田都是一排排的瓜。岳母生氣說：「種那個要做什麼！整天都要吃葫蘆喔？我們就是要種小米」。大家也議論紛紛。但Botong還是按照自己的方式做。到了收割的時候，族人開始抽拔稻穗或是小米穗，一綑一綑的綁起來。岳父母責怪女婿為什麼不聽從老人家的勸，人家收割的東西已經堆滿整個院子了，但是Botong只能採收瓜

類，不過Botong種的瓜類都長得特別大，動用全部落的人去幫忙採收至家中庭院。岳母氣得躲在房子中不願意看。在庭院中擺放約一個禮拜後，Botong用腰刀先把南瓜打開來，打開來後居然全是小米。剖了胡瓜，胡瓜一打破，裡面竟然都是糯米，最後他把絲瓜剖開，絲瓜裡面都是旱稻，而且都是已經整理、去殼曬好的米。由於有太多米了，還需要特別蓋倉庫來儲存米。有了這三種不同的米後，全村的人就一起在Botong所開墾的地耕種。

部落的男人一大早就跑去海邊準備捕魚，Botong卻還在家縫魚網。他的岳母又不高興就説：「人家都一大早就出門，你怎麼還在家裡？」Botong不理她。接著他的小舅子説：「一起走啦！」Botong跟小舅子説：「他們捕不到什麼魚，一定我們捕得最多。」接近中午時，Botong帶著小舅子一起去捕魚，但卻沒有到海邊，而是往草叢的方向，大約是現在美崙大理石工廠附近的地方捕魚，小舅子開始感覺很奇怪。到了快要中午的時候，Botong還睡在大樹下面，小舅子十分緊張，沒有魚怎麼迎接從家裡送飯的人呢？就一再告訴他説：「快要中午囉！我們快點去抓魚。」Botong看太陽也差不多了，就叫他的小舅子説；「你把網撒到前面去。」小舅子感到奇怪，沒有水呀！當他一撒過去網就掛在樹叢上面，再試一次也是同樣的情形，於是Botong告訴小舅子：「你先撿柴在旁邊燒水。」接著Botong就拿著網，往前面一撒，奇怪的是網一落下來，完全是落在水面上

的聲音。後來Botong一拉網，幾乎拉不動，，小舅子也幫他拉，拉上來的時候，整個網裡面都是魚，而且不是小魚，都是一斤以上的大魚。小舅子還沒來得及升起來的短短時間裡，Botong就捕到很多的魚。後來他們就帶著這一綱的魚回去部落指定的地方煮魚，但村民覺得奇怪，這麼多魚是在哪裡抓的。

部落女性開始搗米準備食物時，Botong也沒有去打獵，所以沒有肉可以吃。這時Botong請四個部落青年和他一起去竹林裡砍刺竹，總共砍了兩隻筆直的刺竹回到部落。他又請所有部落青年圍著刺竹，接著Botong把那刺竹一剖開，就有豬跑出來，圍觀的人就說：「我也想試試看！」但是一剖開卻甚麼也沒有。

過了幾個月後，Goolume懷孕了，但Botong跟Goolume和部落的人說：「雖然我現在是在部落中，可是父親卻在天上看著我，他覺得岳家對我不友善，我也沒有扮演好我的角色，所以告訴我該回家了，所以我要回去了。這些採回來的瓜，你們就依照我的作法。」Goolume聽到就說：「我也要跟你去。」Botong說：「你不要跟！」但Goolume還是很堅持要跟著他，Botong只好答應。到了要回去的那一天，有一個從天而降的天梯，Botong上天梯前對Goolume說：「妳爬上天梯後，到天上的家前不能發出任何聲音，不然會摔下來。」Goolume答應了，但是在她的一隻腳一踏進天上，就忍不住發出聲音喘了口氣說：「呼！到了！」一說完就摔下去了。Goolume那時懷有身孕，她掉下去之

後，Botong丟了一塊石頭作為她的枕頭，但是應該要丟兩個石頭的，他只丟了一個。所以蛇與有害的蟲就從Goolume肚子出來，以前並沒有這些蟲的，那時候就開始有很多了，而天梯也變成兩截，成為現在瑞穗的掃叭石柱。Botong最終還是得離開撒奇萊雅部落，回到天上，雖然他嘗試著要帶懷孕的妻子一起回到天上，然而Goolume因為忍不住違反禁忌，從天梯上摔下來，據說從那時候開始，世上就有了害蟲與蛇（黃金文口述）。①

本則故事敘述：

（一）Botong（福通）是阿里嘎蓋的孩子，聰明乖巧。擅於抓鳥和捕魚。

（二）另一說法是Botong是神人或鬼神的孩子。

（三）Botong與凡間女子Goolume（固兒蜜）結婚。

（四）Botong不善於工作，每天都在嬉戲遊玩。

（五）開墾季節來臨時，他不去耕田，卻在家裡整天做陀螺。岳父母很不開心。

（六）陀螺做完了，運到田地，把陀螺排成一直線並一個個使轉，陀螺就往地底下去鑽，把整片地的樹根、草根全部鏟起來了。並把樹幹集聚到田地的旁邊排列整齊。

（七）全部落的族人都種植主糧小米，但是Botong反其道，卻種絲瓜、胡瓜、南瓜。岳母非常生氣。

（八）到了收割時期，族人歡喜收割小米，堆滿整個院子了。但是Botong只能採收瓜類，岳母非常生氣。

Botong是智慧之神不但擅於耕種，也擅抓魚和動物（撒固兒部落
磁磚故事牆）

Goolume是動物之神，他從天梯掉下來，孕育了害蟲和蛇（撒固
兒部落磁磚故事牆）

（九）Botong用腰刀把南瓜打開來，裡面全是小米；剖了胡瓜，裡面都是糯米；把絲瓜剖開，裡面都是旱稻，而且都是已經整理、去殼曬好的米，可以直接煮來吃。我們知道「種瓜得瓜，種豆得豆」的道理，播種了粟，收割的還是粟。但是Botong（福通）種南瓜得小米，種胡瓜得糯米，種絲瓜得旱稻。真是神奇。

（十）Botong去捕魚，不是到海邊，而是到草叢。他撒網掛在樹叢上面，一拉網，整個網裡面都是大魚。Botong只需撒網，本是泥土的地，也會變成有著大魚的湖泊。

（十一）他狩獵只是到竹林砍刺竹，把刺竹一剖開，就有豬跑出來。他不用辛苦狩獵，山豬就在刺竹中。真是奇妙。

（十二）Botong是神人，最終還是必須回到天上。其懷有身孕的妻子Goolume（固兒蜜）也嚷著要跟去。他們要爬上天梯到天上。

（十三）Botong告訴妻子Goolume說：「妳爬上天梯後，到天上的家前不能發出任何聲音，不然會摔下來」。但是在她的一隻腳一踏進天上，就忍不住發出聲音喘了口氣。結果就摔下去了。

（十四）懷有身孕的Goolume，從肚子生出蛇與有害的蟲。這些蛇與蟲以前在地球上是沒有的，那時候就開始很多了。

（十五）撒奇萊雅族人認為瑞穗鄉的掃叭石柱就是Botong登天時所用的天梯所化。

撒奇萊雅族諺語：「使福通引以為恥」（paka ngodoway i cibotongan），連旁觀者都為他感到羞恥。撒奇萊雅族神話，相傳有位名叫botong（福通）的青年，發明了能耕田的acicol（陀螺）及能通天的tokar（雲梯），族人尊奉他為智慧之神。福通把

發明和製造的東西分享給眾人使用，卻從未炫燿過自己。但有些人只知一些雕蟲小技，就自命不凡，在福通面前賣弄小聰明，發表大道理，不由得讓旁觀的人替他害羞，這種人稱之paka ngodoway i cibotongan，意思是「使福通引以為恥」，和「班門弄斧」的意義相仿。②

二、Botong與掃叭石柱

口述者：黃金文
族名：Nowa watan
族別：撒奇萊雅
採錄者：劉秀美、魏美玲、賴奇郁、蘇宇薇《火光下的凝召》

⋯⋯⋯⋯⋯⋯⋯⋯⋯⋯⋯⋯⋯⋯⋯⋯⋯⋯⋯⋯⋯⋯⋯⋯⋯⋯⋯⋯⋯⋯⋯⋯

舞鶴台地本來有四個石柱，是Botong短暫停留的地方，他用石柱建造自己的房子。後來布農族為了遷到紅葉溫泉，就扛走了兩個石柱，扛到一半的時候，在河灘連動都不能動。因為那是神的石柱，不能搬動，不然會受到神的懲罰，後來人和石柱就一起被水沖走了。③

傳說中掃叭石柱是Botong住屋的石柱，由於Botong的神性，使得人們不能隨便移動。④

布農族人把掃叭四個石柱中的兩個扛走，結果人和石柱一起被水沖走了。

「掃叭遺址」位於縱谷秀姑巒溪流域旁的古老紅土台地上，

從遺址出土遺物與石柱遺跡研判歸屬新石器時代晚期「卑南文化」，年代距今約3000年。1930年代著名的日籍民族考古學者鹿野忠雄有詳盡的側繪與研究。「掃叭石柱」為台灣已知最高大石柱遺跡，受到考古學者們的關注，鄰近撒奇萊雅族和阿美族部落，至今仍傳唱著與石柱有關的祖源禁忌傳說。⑤

掃叭石柱（撒固兒部落磁磚故事牆）

阿美族和撒奇萊雅族有很深厚的友誼關係

三、務農的祖先Botong

口述者：黃金文
族名：Nowa watan
族別：撒奇萊雅
採錄者：劉秀美、魏美玲、賴奇郁、蘇宇薇《火光下的凝召》

....

　　Botong離開之前，向大家說：「我離開這裡後，我捉魚的地方，就是將來你們捕魚的地方，以後你們要好好的查看；而我丟開墾的地方，就是將來你們種小米或是糯米的專業區，希望你們不要離開這個地方，以後子子孫孫都在這裡」。後來Botong就往南離開了，他到舞鶴台地停留了一段時間，就在台地上面立了一個石頭做樓梯，這個樓梯相當高，只能看到穿過雲端，看不到樓的頂端。Botong跟妻子說：「爬這座山很辛苦，你還是留在這個地方，你不適合我的家族，你留下來，不要跟著我」。Botong的妻子一定要跟Botong上去，Botong沒有辦法拒絕，就告訴她：「當妳爬樓梯的時候，絕對不要嘆氣，也不能出聲音」。她答應了。他們一直爬刻最上面，Botong已經爬上去了，太太的一隻腳踩到上面，另一隻還踏著樓著樓梯。這時她忍不住嘆了一口氣，「嘩」一聲，她肚子裡的孩子馬上掉下來，變成蛇、蠍、蜈蚣這些有毒的動物，有毒的動物幾乎就是在那個時候才產生。Botong後來又下來，在樓梯上大喊：「Sakizaya族民，從今以後，你們工作的時候，要特別

小心，身邊可能有毒物會咬你們，尤其是蛇、蜈
蚣……會在你的四周，要特別小心」。講完以後就上去
了。從此以後，族人再也沒有看到Botong及他的老婆
了。Botong離開後三、四年，當初Botong抓魚的草叢成
了一個池塘，Sakizaya的祖先把這個湖泊命名為「馬魯
安阿暗」，意思是「天賜之湖」，是上天給我們的
湖，自然的漁場。部落的族民，嘗試來到這湖抓魚，就
如同Botong所講的，抓到不少的魚。Sakizaya抓魚的方
式是把所有的草堆綑成像滾輪一樣，一直推，慢慢圍在
中間，魚會集中，再用魚網去撈。Sakizaya世世代代都
在那裡抓魚，漁獲相當豐富。自從空軍建營，將它填平
以後，才沒有魚可抓。Botong用陀螺所開墾的田地，就
變成了Sakizaya的糯米專業區，稱為「吉巴奈暗」，意
思是「種糯米的地方」。糯米專業區形成之後，
Sakizaya就在這裡分工合作，頭目把這塊地，按照人口
的多寡，分配給每個家族，已經有土地的就不再分
配。從此以後，祖先把Botong視為Sakizaya農務的祖
先，在過去有巫師的時代裡，每年都會有一個祭拜祖先
的儀式，族人也把Botong當作神祭拜。（黃金文口
述）。⑥

從這篇傳說後半段可看出Botong在族人心目中的崇高地位，
他不但教導族人播種及收穫的方法，他所開墾的田地以及捕魚的
湖泊，都成為日後撒奇萊雅族人耕種及漁撈的區域，因此被視為
「務農的祖先」而祭拜，甚至被當成部落的神祇。掃叭石柱在撒

奇萊雅族中的傳說中，成為「升天之梯」或「家屋石柱」等神奇物品。⑦

　　在Botong傳說的兩種不同結局中，都提到Botong的懷孕妻子從天上掉落時，腹內生出許多爬蟲類（或為蛇類），並以此解釋陸地上有各種爬蟲類的源由。撒奇萊雅族的故事中，經常與爬蟲類連結。除了有進蛇洞救美娶妻的故事，還有人與蛇結婚的異類婚戀故事，充滿撒奇萊雅族生活中的高度想像。⑧

【注釋】

① 劉秀美、魏美玲、賴奇郁、蘇宇薇《火光下的凝召》，花蓮，花蓮市公所出版，2011年3月，頁57-61。
② 帝瓦伊・撒耘《阿美族群諺語》，台北，德英國際公司，2005年9月，頁151。
③ 同注①，頁61。
④ 同注③。
⑤ 同注③。
⑥ 同注①，頁61-62。
⑦ 同注①，頁62-63。
⑧ 同注①，頁63。

第十章

撒奇萊雅族
祭儀神話與傳說故事

依山傍海的奇萊平原，住民隨著自然歲時感覺時序，生活中伴著植物繁殖生長、農作收成、候鳥或者魚汛到來，藉著儀式祭典的舉行循環不已。一月：Kaliumahan農耕祭（開墾祭）；二月：Pisatumunan播種祭；三月：Pikulsan壯苗祭；四月：Pipuhpuhan驅邪祭；五月：Pisapunisan穗時祭；六月：Piladisan捕魚祭；七月：Pilisinan體能競技祭；八月：Kalalikidan豐年祭；九月：Pitalatuasan祖靈祭；十月：Pipalamalan火神祭；十一月：Pilecukan祭司祭；十二月：Pisaliliuan狩獵祭。①

一、撒奇萊雅族之農耕祭儀

口述者：黃德勇
族名：Komod bulaw（古穆‧布勞）
族別：撒奇萊雅族
出生：1950年11月14日
地點：花蓮市撒固兒部落（國福里）
採錄者：田哲益
採錄時間：2018年10月28日

....

　　撒奇萊雅族對於自然資源的取得總是心懷感恩，族
人將一年分為pasavaan（春天）、ralod（夏天）、
sadinsing（秋天）、kasinawan（冬天）四季，隨著一年
四季舉行相關的祭典儀式。

　　早期族人以種植小米（havay）為主，輔以旱稻，
所以農耕祭儀也是以「小米」為祭祀中心，按照小米的
生長時節，舉行「播粟祭」、「捕魚祭」、「收成
祭」、「豐年祭」與「收藏祭」等。目前播粟祭、收成
祭和收藏祭等已經沒有舉行了。

　　本則報導敘述撒奇萊雅族人是一個會感恩的民族，人類「以
食為天」，食物取之自然、天神的賜予，所以為感恩天神的恩
賜，於是就舉行各種祭典，以表達對天神之敬意，祈求年年豐
收，生活幸福美滿。撒奇萊雅族相關農耕的祭典主要有播粟祭、
捕魚祭、收成祭、豐年祭與收藏祭等。

　　撒奇萊雅族因為140年來長期與阿美族人相處與混居，因此祭儀大多與阿美族相似，連服飾、語言、習俗等亦多相通，故如何建構屬於自族的祭典特色，這是非常重要而且是急切的。族人耆老或可組織成立「祭典重構」小組，重新展現傳統新的文化系統，與有別於阿美族的文化系統。

　　有關農作的祭儀在往昔傳統社會中，扮演著重要的角色。唯播粟祭、收成祭和收藏祭等，因為經濟型態的轉變，傳統種植小米為主的經濟生活，轉型為種植水稻和高經濟作物等。由於種植小米和水稻的時序及種植的步驟全然不同，也就是說種植小米的傳統生活，日漸脫離了部落目前的主要生活，因此也脫離了以小米為祭祀中心的有關祭儀，現在罕見族人舉行播粟祭、收成祭和收藏祭等傳統的祭典。

　　1931年，日人古野清人調查「歸化社」（即今撒固兒部落）的農耕祭儀，當時歸化社已經受到漢人相當大的影響，他們已經將一年分為十二個月，又分春、夏、秋、冬四季。按照季節舉行祭儀。

　　目前撒奇萊雅族已經完成自族的服飾建構，而且非常有特色，也重構了非常別具特殊的「火神祭」，也努力推展族語教

撒奇萊雅族體能競技祭（撒固兒部落磁磚故事牆）

撒奇萊雅族很重視體育競技（撒固兒部落磁磚故事牆）

育。唯傳統的農耕祭儀的建構尚須加把勁，我們期待參加撒奇萊雅族新興的傳統祭典。

二、撒奇萊雅族播粟祭

口述者：黃德勇

族名：Komod bulaw（古穆‧布勞）

族別：撒奇萊雅族

出生：1950年11月14日

地點：花蓮市撒固兒部落（國福里）

採錄者：田哲益

採錄時間：2018年10月27日

....

　　我們撒奇萊雅族人在很早的時期是種植小米的，小米是我們最主要的糧食，我們把旱田用燒墾的方式來種植小米，早期種植小米也有一些禁忌信仰。除了種植小

小米是撒奇萊雅族的傳統主食（撒固兒部落磁磚故事牆）

小米豐收圖（撒固兒部落磁磚故事牆）

米外，婦女從事採集野菜和飼養家獸和家禽，男子則從事狩獵和漁撈活動。以前的生活其實是很充實幸福的，現代生活需求變得很多了，也變得不幸福、不快樂了。

1929年日人小泉鐵在〈AMI族歸化社的播粟祭〉提到播粟祭有七天，播粟祭期間族人必須遵守禁忌，否則部落的農作會會收成不佳。要遵守的禁忌有一、三日不能吃魚、青菜；四、五日不能洗澡、洗手等。②

小米播種之祭儀，大約於農曆2-3月時舉辦，儀式共有七天。③

採集活動是不分男女老幼的，採集的時機也不分季節，從山林、平地、河中、海邊等都從事採集，以補足農耕生產之不足。

三、撒奇萊雅族收穫祭

口述者：黃德勇
族名：Komod bulaw（古穆‧布勞）
族別：撒奇萊雅族
出生：1950年11月14日
地點：花蓮市撒固兒部落（國福里）
採錄者：田哲益
採錄時間：2018年10月27日

　　　撒固兒部落種植稻米，一年分為二期，第一期是七
月至十二月；第二期是一月至六月。收穫稻米一年有兩
次，收穫完畢，要感謝祖靈賜豐收，倉室盈穀。種植稻
米的品種有在來米、蓬萊米、糯米等。

　　小泉鐵的記載：六月粟收成時則有祭典。以前一到粟收穫
祭，不但不准講髒話，收獲之前不准吃魚，也禁止與女子同床。④
　　撒奇萊雅族與其他台灣的原住民族一樣，havay（小米或
粟）或tipus（旱稻）可以說是最重要的作物。族人因居於海岸平
地，甚早接觸噶瑪蘭族人（噶瑪蘭族較早接觸漢族，農業發展也
較早），從其學習水田耕作，因此水稻的種植歷史甚早。水稻取
代了傳統的小米，成為主要的生產主糧。

日治時撒奇萊雅族的部落

日治時撒奇萊雅族農耕飼養牛隻

四、撒奇萊雅族豐年祭

口述者：黃德勇

族名：Komod bulaw（古穆・布勞）

族別：撒奇萊雅族

出生：1950年11月14日

地點：花蓮市撒固兒部落（國福里）

採錄者：田哲益

採錄時間：2018年10月27日

....

　　撒固兒部落每年八月份會舉行「豐年祭」
（malalikid），除了感謝祖靈賜與農作豐收外，也感謝
祖靈賜與這一年的平安與幸福。全部落一起歡樂，載歌
載舞，非常熱鬧。也趁此歡樂的節慶飽食豐盛的祭
餐。在舉行豐年祭前，以前要派部落年齡階級青壯
「報訊息」（palasi），部落區域內的範圍，要挨家挨
戶通報，每一戶接到訊息後就會為歡樂的豐年祭做準

撒奇萊雅族豐年祭報訊息
（撒固兒部落磁磚故事牆）

撒奇萊雅族豐年祭
（撒固兒部落磁磚故事牆）

備。年齡階級青壯要用小跑步的去報訊息，顯出活力無限，不可以用走的，顯得懶洋洋的樣子，沒有朝氣。

「豐年祭」是台灣原住民族最有名的祭典，從七月份到八月份至九月初，是台灣東部台東和花蓮地區熱鬧沸騰的時期，原住民部落到處洋溢著歡樂的笑聲。從南到北，每個部落輪流舉辦歡樂愉快的豐年祭，充滿活力與熱情。「豐年祭」也是全部落人共同聚餐，享受美食的日子，大家都眉開眼笑，歡樂無限。辛苦了一年，給自己打打牙祭。

傳統的豐年祭是在小米收成之後舉行的，過去族人以農業為經濟主要型態時，豐年祭典的規模非常盛大。但由於部落青壯年人口外移的現象非常普遍，目前祭典已簡化許多，只舉行一天，儀式內容也產生變化，不再循著傳統的模式，而是趨於簡單化，從最初的莊嚴文化內涵轉而成為聚集族人的歡愉形式。⑤

五、撒奇萊雅族祈雨祭

口述者：黃德勇

族名：Komod bulaw（古穆‧布勞）

族別：撒奇萊雅族

出生：1950年11月14日

地點：花蓮市撒固兒部落（國福里）

採錄者：田哲益

採錄時間：2018年10月27日

久旱不雨，農作物都要枯死了，這時巫師就會招集族人舉行祈雨儀式，以解除乾旱，上天降下雨水，以解救農田裡快要枯死的的農作物。巫師使用的祈雨法器是野薑花和整株的生薑葉。

「雨神」是掌管風調雨順的，久旱不雨，即向「雨神」祈求降雨。野薑花和生薑葉是開啟人神之間的視窗。

六、撒奇萊雅族狩獵祭

口述者：黃德勇
族名：Komod bulaw（古穆・布勞）
族別：撒奇萊雅族
出生：1950年11月14日
地點：花蓮市撒固兒部落（國福里）
採錄者：田哲益
採錄時間：2018年10月27日

我們撒奇萊雅族人除了到河中、海上從事漁撈捕抓魚蝦外，也會上山狩獵野獸，以補充肉類蛋白營養。狩獵的野獸包括野鹿、野豬、長鬃山羊、山羌、松鼠等。狩獵前也要舉行儀式，祈求能夠獲得豐盛的獵物。

　　台灣原住民族，除了離島的達悟族外，都有從事狩獵活動，這是世界上原始民族最基本的生活型態，也是重要的經濟活動。

　　撒奇萊雅族因為自古即主要分佈於花蓮奇萊平原，因此同時兼有漁業以及狩獵等經濟產業。

撒奇萊雅族狩獵祭（撒固兒部落磁磚故事　撒奇萊雅族婦女（2018年7月）
牆）

七、撒奇萊雅族捕魚祭

口述者：黃德勇

族名：Komod bulaw（古穆‧布勞）

族別：撒奇萊雅族

出生：1950年11月14日

地點：花蓮市撒固兒部落（國福里）

採錄者：田哲益

採錄時間：2018年10月27日

⋯⋯⋯⋯⋯⋯⋯⋯⋯⋯⋯⋯⋯⋯⋯⋯⋯⋯⋯⋯⋯⋯⋯⋯⋯⋯⋯⋯⋯⋯

　　每年6月的第二個禮拜，是撒固兒部落全部落性的「捕魚祭」（milaedis），舉行時間是在小米收割之

前。在舉行捕魚祭的前一個禮拜，部落族人要共同一體遵守禁忌，例如不能吃蔥、薑、蒜等氣味濃烈的食物，否則魚蝦會跑掉；也禁忌男女之歡，否則會抓不到魚。

撒固兒部落捕魚祭是在砂婆礑溪舉行，全部落老老少少全部參與，捕獲的魚蝦大家一起煮，大家一起來吃，享受全部落共食的歡樂。捕魚祭大家歡聚在一起，有說有笑，快樂歡愉勝神仙。

捕魚祭具有下水洗淨之儀式與意義，把一年的穢污全部藉著溪水潔淨，也有祈福之意思。

撒奇萊雅族傳統主要分佈於花蓮奇萊平原，經濟產業以漁業及狩獵為主。台灣原住民族擅長漁撈的民族，例如台灣中部的民族邵族和東部的民族撒奇萊雅族、阿美族、噶瑪蘭族，及離島的達悟族等。他們都有精湛特殊的捕魚技術與水資源知識。

撒奇萊雅族諺語：「釣魚打瞌睡，反被魚王釣」（matokstok pacemot，mapacemot no baliyangay）。做事分心，易遭凶險。⑥

Baliyangay為撒奇萊雅語，乃大魚和魚群之意。釣魚、網

撒奇萊雅族捕魚祭（撒固兒部落磁磚故事牆）

撒奇萊雅族捕魚祭（撒固兒部落磁磚故事牆）

魚、捕魚、射魚是撒奇萊雅人的最愛，但這些工作都在海裡、溪裡，危險性很高，從事者必須專心、用心，否則可能命喪水中；「反被魚王釣」是諷刺做事不專心的人。⑦

八、撒奇萊雅族木神祭

口述者：黃德勇

族名：Komod bulaw（古穆・布勞）

族別：撒奇萊雅族

出生：1950年11月14日

地點：花蓮市撒固兒部落（國福里）

採錄者：田哲益

採錄時間：2018年10月27日

　　傳說古代曾經發生過大洪水氾濫大地，地表土地、高山等全部都被掩沒了，只有一對姊弟乘上木臼才得以倖存，人類也僅存他們倆個人，因此就由他們繼續繁衍人類。

　　又傳說古代發生大洪水氾濫地球的時候，人類和所有的動物全部都被淹死了，只有爬上一顆茄苳巨樹的少數人和動物才存活了起來，就由這些少數倖存的人，繼續人類的生命律動，所以人類得以生存至今。

　　撒奇萊雅族人為了感恩樹木曾經救過人類，就舉行「木神祭」（padungiya' akilang），感謝樹神給予族

人的生命繼續延續。

本則傳說有兩個主旨，第一個是大洪水時，只有一對乘上木臼的姊弟倖存，他們繼續繁衍人類。第二個是大洪水時，只剩爬上一顆茄苳巨樹的人存活，繼續繁衍人類。

按撒奇萊雅族人真是懂得感恩的民族，舉行「木神祭」也有教育後代子孫要懂得感恩，凡事「敬神」、「勤奮」、「自愛」、「愛人」。

九、撒奇萊雅族木神祭與成年禮

採錄地點：花蓮市國福國小故事牆
故事來源：李逸偉
採錄者：田哲益
採錄時間：2018年10月28日

....

　　據說，在很久很久以前，整個大地都被洪水淹沒了，沒有人倖存，只剩下一群小朋友幸運地爬到一棵大茄苳樹上，倖存下來。這群小朋友靠著漂在水上的麵包果、龍眼和檳榔維生。他們把茄苳樹的樹葉和樹皮做成衣服來保暖。小朋友寂寞了，風吹過茄苳樹葉的沙啦沙啦聲響，是撫慰孩子們最好的安眠曲。長大時，有飛來飛去的鳥兒與其他自然萬物成為他們的老師，教導他們與自然萬物相處的道理。終於有一天，大洪水退卻

了，小朋友長大了，成為台灣現在撒奇萊雅族人的祖先！供給他們食物，讓他們的祖先得以存活下來的麵包樹、龍眼和檳榔樹，成為族人永遠的聖樹。指引他們人生方向的鳥兒，成為族人占卜日常一切的依據。而陪伴他們成長的茄苳樹，成為族人心目中「木神」，象徵生命延續的符號。而每年夏天紀念茄苳樹的「木神祭」，也成為族人青年的「成年禮」。

kadabowang山神（國福 國小故事牆，蕭巨杰繪）

傳說茄冬樹曾經救過撒奇萊雅族人的生命（國福國小故事牆，蕭巨杰繪）

2008年第三屆火神祭中增加撒奇萊雅族的青年學子，祭典中先舉行「木神祭」，以洪水來襲，撒奇萊雅族人爬至山上大樹躲避洪水的傳說所象徵的「重生」為依據，舉辦青年學子的年齡層進階儀式。⑧

儀式內容包含集中住宿、聽取兄長述說有關撒奇萊雅族的神話歷史，爬山至傳說避居地鍛鍊心智體魄，並參與火神祭活動，聽取長老指揮，執行初階體力服侍工作。⑨

青年學子在火神祭中展現歌喉舞步，使得火神祭的活動充滿薪火相傳的精神，展現了代代傳承的隆重意味。火神祭不僅讓參與者感受共有的歷史記憶外，也塑造族人間的一體感，具有標示族群身分及召喚族群意識的作用。透過此一新興祭典，展現撒奇萊雅族的自我認同意識，同時強化參與者的凝聚力。在火神祭燦燃燒的熊熊烈火中，「火神」、「火神太」彷彿在火燄中與族人共舞，期待部落的未來如火一般明亮。⑩

舉辦「木神祭」主要目的和意義，是教導年輕一代後裔子孫認識自身文化，並且延續傳統感謝樹神延續族人生命的意義內涵。⑪

十、撒奇萊雅族海神祭

口述者：黃德勇
族名：Komod bulaw（古穆‧布勞）
族別：撒奇萊雅族
出生：1950年11月14日

地點：花蓮市撒固兒部落（國福里）
採錄者：田哲益
採錄時間：2018年10月27日

> 「海神」是族人下海捕魚從事漁撈的守護之神，所以會舉行「海神祭」（Miedis），祈求海神保佑漁人的安全與收穫豐碩。

各部落會於附近的溪口海邊舉行「海神祭」，有些部落更有專屬的「海祭場」。「海神祭」是僅次於豐年祭的大祭典。

撒奇萊雅族於1878年「達固部灣戰役」後隱身於阿美族群的部落中，阿美族人也盡到了隱密其蹤的情義。到了2007年1月17日，正式通過成為台灣第十三個原住民族。族群復名對於撒奇萊雅族人具有民族文化傳承及宗脈延續的意義。

一百多年來撒奇萊雅族人並沒有忘記自己的族群身分，只是流離他族的身分經常充滿著恐懼感，成為129年來很長的一段時間，撒奇萊雅族人隱藏（隱姓埋名）自己的緣由。撒奇萊雅族人背負著如此沉重的秘密，卻始終祕密地繁衍著。

撒奇萊雅族海神祭（撒固兒部落磁磚故事牆）　撒奇萊雅族木神祭（撒固兒部落磁磚故事牆）

如今撒奇萊雅族人已經恢復了自己的族名，走出「隱姓埋名」的歷史，但由於與阿美族長期混居下，文化、語言、服飾、祭儀等各方面，都受到諸多之薰陶與類化。如何藉由「正名」之成功，重構凸顯出原始傳統的族群祭儀文化，以有區別於阿美族，成為首要的問題。

　　族群的發展除了追根溯源，未來的發展需要族人攜手合作來努力，更需要相關單位之扶持。深耕傳統文化，與現代化生活結合，再創族群的生命活力。

【注釋】
① 撒固兒部落入口意象解說牌。
② 小泉鐵著、余萬居譯〈AMI族歸化社的播粟祭〉，台北，中央研究院民族學研究所，未刊稿，1929年1卷3號，頁191-192。
③ 撒固兒部落故事牆解說。
④ 古野清人著、葉婉奇譯《台灣原住民的祭儀生活》，台北，常民文化，2000年5月，頁85。
⑤ 劉秀美、魏美玲、賴奇郁、蘇宇薇《火光下的凝召》，花蓮，花蓮市公所出版，2011年3月，頁36。
⑥ 帝瓦伊‧撒耘《阿美族群諺語》，台北，德英國際公司，2005年9月，頁105。
⑦ 同注⑥。
⑧ 同注⑤，頁47。
⑨ 參黃宣衛、蘇羿如〈文化建構視角下Sakizaya正名運動〉，《考古人類學刊》第68期。
⑩ 同注⑧。
⑪ 同注③。

第十一章

撒奇萊雅族祭物與
祭器神話與傳說故事

撒奇萊雅族人祭拜土地神（類似漢族祭拜土地公），其緣由是撒奇萊雅族人相信他們的始祖（也是其他原住民的始祖）是從土地中誕生的，有男女二位始祖，因此族人很尊敬土地，衍生奉為「土地神」，成為族人重要祭祀的神祇之一。

一、火神祭土地神小祭屋

口述者：黃德勇

族名：Komod bulaw（古穆‧布勞）

族別：撒奇萊雅族

出生：1950年11月14日

地點：花蓮市撒固兒部落（國福里）

採錄者：田哲益

採錄時間：2018年10月27日

....

　　撒奇萊雅族人舉行「火神祭」（Palamal），在祭場入口處會搭設一間茅草小祭屋，用以祭拜土地神。祭屋裡擺滿了許多的祭品、米酒等，感謝土地神的庇佑，讓族人能夠豐衣足食、平安健康。祭眾進入「火神祭」祭場前，要向土地神斟酒祝禱。

　　在舉行「火神祭」前，「女祭團」的全體祝禱師，要先向土地神輪流告祭，以求祭典儀式中一切平安順暢。

2018年火神祭女祭團祝禱師向土地神供祭　　2018年火神祭土地神小祭屋

撒奇萊雅族人祭拜土地神（類似漢族祭拜土地公），其緣由是撒奇萊雅族人相信他們的始祖（也是其他原住民的始祖）是從土地中誕生的，有男女二位始祖，因此族人很尊敬土地，衍生奉為「土地神」，成為族人重要祭祀的神祇之一。

撒奇萊雅族人與漢族人祭拜土地神，具有同質性意義，都是祈求農作物豐收和賜福的神祇，因此備受祭拜。唯漢族的土地神在一般的情形下只有一位（偶爾也會出現土地婆）；撒奇萊雅族人的土地神則一定是男始祖和女始祖二位。

二、火神祭土地神之供物

口述者：黃德勇

族名：Komod bulaw（古穆・布勞）

族別：撒奇萊雅族

出生：1950年11月14日

地點：花蓮市撒固兒部落（國福里）

採錄者：田哲益

採錄時間：2018年10月27日

2018年10月於花蓮市國福里撒固兒部落祭祀廣場舉行的撒奇萊雅族「火神祭」（Palamal），土地神祭祀小屋的供品如下：有米酒、香蕉、整株生薑、白蘿蔔、絲瓜、檳榔、水、dunuz（糕），和用以盛酒供祭的竹杯（六個），箭簇狀的五節芒（二株綁成）等。只要祭祀小屋擺放得下，農產品都可以入祭祀屋內

當供品。祭祀小屋做得較大時，可以再放上花生、姑婆芋、芋頭、稻米、莙薘、小米、高粱、芭蕉、南瓜等，供奉給土地神饗用。這些供品都是由女祭團的祝禱師張羅籌備。傳說整株生薑，意為開啟天地之鑰匙，為人神之間溝通的媒介。箭簇狀的五節芒則是除穢解厄與避邪。

三、火神祭祭靈屋

撒奇萊雅族火神祭祭靈屋，是祭祀清代時期撒奇萊雅族、噶瑪蘭族兩族聯合抵抗清軍之達固部灣戰役和加禮苑戰役中，被清軍火燒、砲轟、槍擊的死難英靈，包括撒奇萊雅族民族英雄被清軍凌遲處死的Komod padiek（古穆‧巴立克）大頭目和其妻Icep kanasau（伊婕‧卡娜哨）。還有壯烈成仁的噶瑪蘭族大頭目Tabiwanlu（達比灣碌），以及兩族誓死抵抗清軍而犧牲的勇士，逃難中死亡的族靈和嬰靈等。所以撒奇萊雅族每年舉行一年一度的「火神祭」，事實上，是撒奇萊雅族和噶瑪蘭族兩族聯合舉行的祭祖大典，是嚴肅充滿悲壯的祭祖儀式。

2018年火神祭祭靈屋

2018年火神祭祭靈屋

四、香蕉葉

口述者：黃德勇
族名：Komod bulaw（古穆‧布勞）
族別：撒奇萊雅族
出生：1950年11月14日
地點：花蓮市撒固兒部落（國福里）
採錄者：田哲益
採錄時間：2018年10月27日

....

　　「香蕉葉」是鋪在祭壇底下，用以放置各種祭品，可以保持祭品的清潔與乾淨，用骯髒的祭物祭拜神與祖靈是大不敬的。所以香蕉葉也是祭物之一。

有許多原住民族會用香蕉葉鋪底，也有用姑婆葉鋪底擺置祭品。總之以在地方便為主。

五、風車

　　以檳榔鞘削製成四瓣的「風車」，代表天（造物神Malataw）、地（土地神Silalaay）、右祖靈Babalaki與民族英雄Komod Pazik、左生命之神（Silingan），以竹籤穿過立於地上，狀似風車用以招風引靈。①

「風車」是以檳榔鞘削製而成，但是2018年「火神祭」使用的風車則是用紙剪成的。「火神祭」點燃訊息火就是燃燒風車，狼煙徐徐飄升到天空，招喚天、地、生命之神，及歷代祖靈及火神和火神太。神靈隨著升煙降臨祭場，拉開了「火神祭」的序幕，開始進行「火神祭」的各種祭典儀式。

風車（撒固兒部落磁磚故事牆）

撒奇萊雅族民族舞蹈

六、五節芒

口述者：黃德勇

族名：Komod bulaw（古穆‧布勞）

族別：撒奇萊雅族

出生：1950年11月14日

地點：花蓮市撒固兒部落（國福里）

採錄者：田哲益

採錄時間：2018年10月27日

⋯⋯⋯⋯⋯⋯⋯⋯⋯⋯⋯⋯⋯⋯⋯⋯⋯⋯⋯⋯⋯⋯⋯⋯⋯⋯⋯⋯

　　「五節芒」是製作「布絨」的材料，只有撒奇萊雅族才有五節芒布絨，阿美族沒有這一項法器。「五節芒布絨」是插在祭場外圍，如此，鬼、惡靈、穢物等就不會進入會場騷擾、作祟，影響祭典儀式的進行。

　　許多原住民族的巫師會使用五節芒作為施巫術的法器。撒奇萊雅族的「五節芒布絨」法器則是筆者首見。

七、陶壺

口述者：黃德勇

族名：Komod bulaw（古穆‧布勞）

族別：撒奇萊雅族

出生：1950年11月14日

地點：花蓮市撒固兒部落（國福里）

採錄者：田哲益

採錄時間：2018年10月27日

⋯⋯⋯⋯⋯⋯⋯⋯⋯⋯⋯⋯⋯⋯⋯⋯⋯⋯⋯⋯⋯⋯⋯⋯

「陶壺」也是祭祀器物，視為聖物。撒奇萊雅族人祭祀祖靈與神明的祭酒（古代用小米酒，近來則用市面上買的米酒），是放置在陶壺酒甕中的，盛酒之以竹杯。

「火神祭」（Palamal）女祭團用以祭祖的祭酒，也是裝在陶壺裡。祭祖靈時是從陶壺裡舀出祭酒祭祀祖先、犧牲成仁的頭目夫婦、戰死的勇士等。

撒奇萊雅族陶壺為素陶，不加任何修飾，為日常生活用品，如水壺、飯鍋、酒甕等。也是祭祀用壺。

陶壺在所有原住民族裡都是很寶貴的器物，而以陶壺作為祭壺者，例如撒奇萊雅族、噶瑪蘭族、阿美族、卑南族、魯凱族、排灣族、西拉雅族等。

八、陀螺

口述者：黃德勇

族名：Komod bulaw（古穆・布勞）

族別：撒奇萊雅族

出生：1950年11月14日

地點：花蓮市撒固兒部落（國福里）

採錄者：田哲益

採錄時間：2018年10月27日

⋯⋯⋯⋯⋯⋯⋯⋯⋯⋯⋯⋯⋯⋯⋯⋯⋯⋯⋯⋯⋯⋯

　　「陀螺」是智慧之神Botong（福通）所創作的，福通是天神下降為凡人，與撒奇拉雅族女子成為夫妻。他是一位很聰明的人，他運用科學精神從事農耕，其製作的陀螺就是用於開墾田地用的。

　　福通製作了很多的陀螺，在田裡一個一個使轉，放入田裡的各個角落。只見土裡陀螺嗡嗡作響，塵土飛揚。不一會兒，一大片田地開墾完畢了，而且大大小小的樹木都已經修葉剪裁完畢，排列得整整齊齊的。田中的大小石頭也都排列成一行一行的田埂。族人非常敬佩與羨慕他的聰明，就封他為「智慧之神」。希望透過祭祀他，能夠獲得聰明與智慧。後來，陀螺除了用於祭祀（連接天與地、溝通神與人）外，也成為兒童玩樂的玩具。

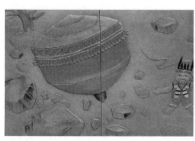

陀螺（撒固兒部落磁磚故事牆）

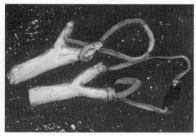

彈弓（撒固兒部落磁磚故事牆）

本則報導敘述福通（Botong）成為族人的「智慧之神」的源由。祭祀他，希望自己也能夠獲得「智慧」。台灣原住民族用陀螺與農耕祭儀聯繫者，還有阿美族和布農族。

九、彈弓

口述者：黃德勇

族名：Komod bulaw（古穆‧布勞）

族別：撒奇萊雅族

出生：1950年11月14日

地點：花蓮市撒固兒部落（國福里）

採錄者：田哲益

採錄時間：2018年10月27日

「彈弓」代表祖先智慧與傳統技藝，撒奇萊雅族人很重視智慧與技藝及製作發明彈弓的先人，所以也將彈弓做為祭物。「彈弓」可以狩獵，也可以做為防身及攻擊之用，後來成為兒童日常的童玩。

因為「彈弓」代表祖先的「智慧」與傳統「技藝」，所以撒奇萊雅族人很重視它，將其作為祭物。而且「彈弓」的功能還滿多的，例如可以狩獵、防身，也是兒童的童玩，很實用。

【注釋】
① 劉秀美、魏美玲、賴奇郁、蘇宇薇《火光下的凝召》，花蓮，花蓮市公所出
　版，2011年3月，頁40。

第十二章

撒奇萊雅族
社會組織傳說故事

欲了解撒奇萊雅族，就要先認識「母系社會組織」、「男子
年齡階級組織」和「頭目制度」這三個男女分工的社會。這
三個社會組織與制度均衡地維持了撒奇萊雅的社會。

一、母系社會

口述者：黃德勇
族名：Komod bulaw（古穆‧布勞）
族別：撒奇萊雅族
出生：1950年11月14日
地點：花蓮市撒固兒部落（國福里）
採錄者：田哲益
採錄時間：2018年10月28日

　　我們撒奇萊雅族人是母系社會，最明顯的就是婚姻制度。過去的婚姻是男子嫁入女子家中，但是自從與他族（其他原住民族）及漢族通婚以後（社會環境的趨勢，例如在他地就學或就業，交際範圍擴大了，容易認識非本族的人，而與之交往），他族及漢族不願意入贅，但是男女情人已經情定終身，女子不顧父母親及族人的傳統習俗，毅然決然離開母親的家，與她所愛的情人終身廝守，當然，這樣是不會被族人祝福與原諒的。因此演出少女離家出走、逃婚、自殘等層出不窮。族人也很捨不得，也很傷痛。於是在婚姻上開始鬆綁傳統的習俗與禁忌之禁錮。目前「入贅婚」與「嫁娶婚」還同時存在，只是入贅婚已漸漸少了。男子與他族及漢族結婚則都是「嫁娶婚」。我（黃德勇，68歲）與妻子（A-iuq）是嫁娶婚，是我把妻子娶回我家，不是我被娶入她家。

台灣原住民族的社會組織採「母系社會」組織者，例如撒奇萊雅族、阿美族、噶瑪蘭族、卑南族、西拉雅族、凱達格蘭族等。

　　「母系社會」是以母系為主的社會組織，因此男女婚姻與「父系社會」不同，而是男子嫁入女子的家中，與妻子共同生活，此即所謂「從妻居」，亦即屬於「贅婚」制度。

　　妻子在家中具有優勢地位，擔任家長，主導處理家中事務，掌管家庭財產。婦女從事採集和原始農業，製備日常衣食，在經濟生活中起有重要作用。女兒也是財產的繼承者；子女均以母親的姓氏為「姓」。

　　按世界上各民族的社會發展，都是由「母系社會」過渡到「父系社會」，台灣的原住民族也是如此，例如泰雅族、太魯閣族、賽夏族、賽德克族、布農族、邵族、鄒族、魯凱族、達悟族等是「父系社會」。而目前撒奇萊雅族、阿美族、噶瑪蘭族等，仍然保留了原始的「母系社會」。唯「母系社會」在現今的大社會環境中，受到了本質上的變化。

　　隨著漢族人移居台灣，清代入主台灣和日本人在台殖民與國

撒奇萊雅族年齡階級成員（2018年7月）

撒奇萊雅族傳統是母系社會，女性是一家之主（撒固兒部落磁磚故事牆）

民政府遷台，成為台灣社會的主流文化，撒奇萊雅族的社會組織
與文化，受到了很大的影響與衝擊。尤其是婚嫁，入贅婚的習俗
也隨著大環境起了變化，逐漸從母系時代的「入贅婚」，轉為父
系社會的「嫁娶婚」，所生下子女的姓氏也跟隨父親的姓氏了。

　　母系社會是適應當地生產環境的需要，一定的生產力，有一
定的社會制度與之相配。如今，經過現代社會的衝擊，很明顯母
系社會，已經和原始的母系社會不完全一樣了。或可這麼說，保
持母系氏族制度，是對過去的社會形態和社會結構的一種懷念。

　　現代家庭經濟權漸漸轉移到男子身上，主要是經濟轉型。在
古代其經濟運作是婦女主農耕，其後農耕擴大，需要男子的體
力，經濟的支配權遂逐漸轉移到男子的手中。

　　男子逐漸掌握了家庭中的事務與經濟，傳統的母系社會色彩
逐漸變遷，母系社會的特質已然漸漸淡化。

二、年齡階級制度

口述者：黃德勇
族名：Komod bulaw（古穆・布勞）
族別：撒奇萊雅族
出生：1950年11月14日
地點：花蓮市撒固兒部落（國福里）
採錄者：田哲益
採錄時間：2018年10月28日

....

我們撒奇萊雅族有很嚴格的「年齡階級組織」，年齡階級制度是每二至五歲為一個階級，這個「階級」將伴隨著一個男子的一生。每一個階級都給予特定的工作任務與職責。

「年齡階級組織」負責保衛部落安全的責任。婦女則負責農耕與採食和織衣等工作，並且掌管主導家庭事務。這就是「母系社會」。漁獵、狩獵生產，部落政治、建築屋宇等粗重工作則是男子的工作，兩性彼此分工分明。

男子在十三、四歲的時候，必須進入集會所接受成為一個男人的訓練。無形中緊扣了同年齡階級的每一個成員，而這樣的關係是一生一世的，直到離開人世為止。

下階級者必須服從上一階級的教導，如果違背，其階級的同伴都會受到連累被處罰；如果被獎勵，其所屬的階級也都被獎勵。經過如此嚴格的鍛鑄冶練，成年後即能擔當負起社會的責任。

傳統母系社會的族群，舉凡家裡的大小事情均由女主人作決定。部落性的政治活動或捕魚、狩獵及建築才是男子的工作。撒奇萊雅族在一般人的感覺，似乎是一個女尊男卑的社會。但事實不然，嚴格來說，撒奇萊雅族的社會是屬於兩性平等的社會。

撒奇萊雅族的社會是以男子嚴密的年齡階級組織為基礎。從嬰兒到15歲為幼年級（wawa）。15歲到23歲為青年級（kapah）的預備階級，必須要參加青年組前階級的未成年組，這個階級稱

為Masatrot，他們開始住宿在青年集會所裡頭（taloan），服從上面階級（上級）的命令和指揮，接受訓練。

　　撒奇萊雅族的年齡階級（seral）是每四到八年進階一次。新階級的組成，先由頭目、長老及青年幹部開會討論來決定。然後以白雞、diwas（一種祭祀用陶器）和酒，向Malataw祭祀，最後才正式成立這個階級，這些儀式要在豐年祭前舉行，Mibakibaki（長者賜飯），是長者祝福未成年人的一種儀式。①

　　部落裡，年齡階級制度、會所制度是屬於男性。每個男子都有所屬的年齡階級，有專屬的名稱。

　　男子權力的分配以年齡為標準，即按年齡階級的年齡和生理發展，分配不同的工作與賦予適當的職責。藉由不同年齡，負責處理部落中政治、軍事、司法、宗教等公共事務。女子則隨著丈夫的年齡階級運作。

　　老年人是最高階級，為部落事務決策階級；中年人則是執行部落決策階級；青年人是服役的階級，例如義務勞動、整修房屋、協助祭儀活動之雜事、動員戰爭等；少年人則是屬於學習階級，透過教育與訓練，將來才能夠成為社會的中堅。

　　男子年齡階級組織是撒奇萊雅族中最重要的制度，為一個部落社會活動的基礎。男子之權利、義務，依其在年齡階級組織中之地位而決定。年齡階級組織與現代「同學」的觀念類似，一同學習，感情深厚。一個年齡階級5、6至7、8人，多者十幾二十人。一個男子脫離了年齡階級組織卻要生活於部落中，那是絕對不可能的事情。

　　母系社會女子是家中的主宰，然而，家族對外的代表卻是由男子負責，女性無法參與部落中的公共事務，也不能進入部落中

的男子會所。部落中的首長也是由男性繼承。亦即部落的領袖權是掌握在男子的年齡組織中，即以會所為中心，來處理一切部落事務。會所事務與現在的社區村里「守望相助隊」相似，維護部落生命、財產安全的警覺性，防止火災，以及天災時之應變。會所裡每日有人值班守衛。

換言之，母系社會並非是女性權力至上的社會制度，而是透過男主外女主內的分工合作，來達成男女平等的一種社會模式。所以，女性負責操持家務、財產管理、農牧生產與孩童照顧；男性則肩負著狩獵、漁獵、軍事作戰等公共事務。

達到一定的年齡，男子會進駐會所接受身心上及一連串的嚴格的訓練。年齡階級與集會所所蘊含的社會意義是不容被忽視的，特別是在依年齡階級而形成的社會秩序下，對年輕人實施的教育。

達固部灣戰役主部落達固部灣部落，以Tungaun（刺竹）圍起來，族人的活動地點及居住地則在刺竹中央，每四年到八年新的年齡階級成立時，就會加種一圈刺竹，因此聚落四周的刺竹甚厚，達200米（50圈）。②

撒奇萊雅族年齡階級（撒固兒部落磁磚故事牆）

撒奇萊雅族美女（2006年7月）

　　撒奇萊雅族年齡階級制度中，有一級的級名叫做matabok，為自律自重之意。據說，這一級命名之初，剛好是滿清政府將台灣割讓給日本之時。長老們有感於局勢大變，民族的前途未卜，因此希望青年們將來行走四方能自律自重、開創新局，為民族爭光，千萬不可使民族蒙羞。③

　　撒奇萊雅族年齡階級，有一級的級名叫calamay或alamay（雲彩），乃在勉勵青年要把自己鍛鍊成有涵養、人格高尚的人。在許多歌謠中也常以雲彩來稱頌道德崇高的人。④

　　隨著大環境社會的變遷與文明的演進，部落生活現代化、經濟型態現代化、原住民平地化與漢族文化長期的影響下，部落中各年齡階層的傳承傳統快速瓦解，年輕一輩已然忘記了本族文化

的傳承使命及祖先的過往歷史。現今最重要者，就是喚起年輕族輩的民族意識，加強各年齡階級的團聚，鞏固強化各年齡階級的組織。

三、頭目制度

以年齡階層形成的部落社會，其長老政治制度為一特色。透過年齡階層的區分，長老階層被社會尊崇，地位最尊貴，擁有參加部落會議的義務。部落社會中的重大事務以及祭典祭祀禮儀，都必須透過長老會議來決定。長老會議也是古代對外軍事與戰爭的決策者。

每個部落有頭目一名，由具領導能力的人擔任，「頭目」的產生，是從長老會議中推選出來的，對部落負責發號施令。有一定的任期，期滿之後再遴選。撒奇萊雅族頭目的產生是透過民主的程序與過程產生，其政治制度早就是民主制度。

黃德勇頭目Komod bulaw（撒固兒部落磁磚故事牆）

頭目主祭（撒固兒部落磁磚故事牆）

【注釋】

① 撒固兒部落磁磚故事牆解說。

② 同注①。

③ 帝瓦伊・撒耘《阿美族群諺語》，台北，德英國際公司，2005年9月，頁28。

④ 同注③，頁109。

第十三章

撒奇萊雅族
太陽與月亮傳說故事

撒奇萊雅族人相信，晚上的時候可以看見她就在月亮裡，拿著鋤頭，挑著籃子，就是這位少女。每年七、八月到十月，乾旱季節來臨的時候，族人就會舉行求雨的祭典，祭拜月亮，祈求月亮上面純潔的少女能夠降下雨水，拯救族人的農作物……

一、射太陽的故事

口述者：黃金文
族名：Nowa watan
族別：撒奇萊雅族
採錄者：劉秀美、魏美玲、賴奇郁、蘇宇薇《火光下的凝召》

天上本來沒有太陽，只有月亮，所以光度不夠，老人和巫師說想要有光，巫師透過祭拜神和神溝通後，神一下子給了一千個太陽，人們都受不了，太熱了無法活，神說：「你們自己要光，我就給你們千個太陽」。有一個年輕力壯的少年，他是一個禽鳥野獸都射得中的獵人，他開始射下第一個太陽，射到最後一個，人說你不要再射了，所以留下了一個太陽。①

這是一則「射日故事」，按射日傳說是世界性民族的母題故事。台灣的原住民族也多有射日傳說，但一般傳說是天上有兩個太陽，一個被射下了，只剩下一個，就是現在的太陽。而撒奇萊雅族傳說古代有一千個太陽，這是很突出的。

二、少女變成月影

口述者：黃金文

族名：Nowa watan
族別：撒奇萊雅族
採錄者：劉秀美、魏美玲、賴奇郁、蘇宇薇《火光下的凝召》

....

　　有一個少女很懂事而且十分孝順，她是部落最漂亮的少女，但她經常受到父母凌虐。她愛上了一個農家子弟，父母親非常反對這個男孩，後來她堅持告訴父母親：「如果你們不喜歡，我就要離開你們。我一直擔心你們的生活沒有依靠，但是你們仍然不允許我跟這個男人在一起，我只好離開。」少女說完這句話，突然有大洪水沖到美崙溪下游，像颱風似的把少女捲住，沖到美崙山上最北邊的凹處，沖過山頭後來到海邊。事前她曾和父母親說：「當我離開家的時候，晚上你們就往月亮上看，我會拿著我的鋤頭，挑著籃子在月亮上。」所以當天空清澈，或是月圓的時候，我們會看到一個少女拿著鋤頭和籃子在月亮上。每年七、八月到十月，所有的農作物乾旱的時候，就舉行求雨的祭典，祭拜月亮，用巫師的力量求雨，讓月亮上面純潔的少女能體諒族群的

早期撒奇萊雅族人（達固兒部落入口意象解說牌）

早期撒奇萊雅族人（達固兒部落入口意象解說牌）

苦處，給我們一些雨水。②

本則傳說可能也是「雨神」的故事，則「雨神」是一位女神。她是一位愛情不順遂的美麗姑娘，為表達她堅貞的愛情，決心離開她的家庭。她投奔了月亮。所以撒奇萊雅族人相信，晚上的時候，可以看見她就在月亮裡，拿著鋤頭，挑著籃子，就是這位少女。每年七、八月到十月，乾旱季節來臨的時候，族人就會舉行求雨的祭典，祭拜月亮，祈求月亮上面純潔的少女能夠降下雨水，拯救族人的農作物。

根據月亮的陰影加以聯想，便把自己信仰圖騰或神物移到月亮上去了，這體現了撒奇萊雅族對月亮的一種崇拜心理。

三、少女投河自盡靈魂投入月中

口述者：黃金文
族名：Nowa watan
族別：撒奇萊雅族
採錄者：劉秀美、魏美玲、賴奇郁、蘇宇薇《火光下的凝召》

少女受到父母親的凌虐，始終沒有辦法受到愛護，她喜歡上一個少年，希望有自己的主張，但父母親反對。她的男朋友勸她遠走高飛，但是那個時代，遠走高飛幾乎不成立，到哪裡都會被抓。撒奇萊雅是一個很團結的族群，因為有年齡階層，做什麼都會以頭目為

主，家庭的事情都是由部落來做決定，所以就算他們能夠遠走高飛，也會被抓回來，到後來她決定自殺。少女告訴所有人：「我走了以後，要到月亮上面。」少女投河自盡後，洪水突然爆發，直沖到山頂上面，它直沖的方向剛好在山中央，於是山中央突然出現一個水溝。印證了少女在生前所講的，她會跟著水沖到海裡面去，靈魂會到月亮上面。後來撒奇萊雅人發現月亮真的有少女扛著一個鋤頭，前面還有一個籃子，是少女去撿菜、撿海螺、撿田螺使用的東西。③

本則故事敘述有一位少女喜歡上一位少年，但是父母不允，於是決定投河自盡，以證明其堅定不移的愛情。

少女死後形體消失，但卻升天入月而成月中陰影，如同月亮陰晴圓缺一般，而月亮周而復始的圓缺循環，有著另一種形式的再生象徵意涵。④

撒奇萊雅人「發現月亮真的有少女扛著一個鋤頭，前面還有一個籃子，是少女去撿菜、撿海螺、撿田螺使用的東西」。

【注釋】
① 劉秀美、魏美玲、賴奇郁、蘇宇薇《火光下的凝召》，花蓮，花蓮市公所出版，2011年3月，頁52。
② 同注①，頁52-53。
③ 同注①，頁53。
④ 同注③。

第十四章

撒奇萊雅族
器物與服飾傳說故事

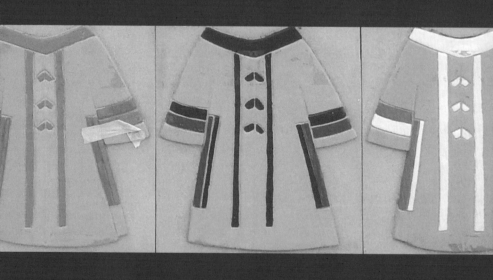

在母系社會組織制度中的撒奇萊雅族，婚姻的求婚者是「茱麗葉」，而非「羅密歐」。由於古代傳統社會較為封閉，因此男女示情意，歌舞聚會的場合是最佳的時機。

女子若遇到心儀的男子，便會傳遞檳榔給他，甚至將自己製作的「情人袋」送給他……

一、陀螺

口述者：黃德勇

族名：Komod bulaw（古穆‧布勞）

族別：撒奇萊雅族

出生：1950年11月14日

地點：花蓮市撒固兒部落（國福里）

採錄者：田哲益

採錄時間：2018年10月27日

....

　　「陀螺」是智慧之神Votong（福通）創造的。古代的時候有一位神人Votong（福通）從天上降下人間，看到部落裡有一位很漂亮的姑娘。

　　姑娘要去水井汲水，Votong（福通）趕緊進入水井裡。姑娘把水桶投入井裡，再慢慢把水桶拉上來，有一個人跟著水桶被拉上來。

　　姑娘嚇得花容失色，Votong趕緊對姑娘說：「姑娘，不要怕，我是人」。姑娘就解除了防備的心理，談著談著，眼睛不時對上焦，心靈的火花不時怒放。開始有愛慕之情。

　　姑娘就把Votong帶回家，姑娘的父母親看到Votong非常英俊瀟灑，非常喜歡。姑娘和Votong交往了一段時間，父母親就讓他們結成夫妻，於是變成一家人了。

　　到了春耕的時候，族人們都到田裡耕作去了，唯獨Votong不去田裡耕作，只是在家裡做陀螺，岳父母表現

出很不高興說：「人家的田都耕作好了，也將準備種植作物了，而你還在這裡做陀螺」！

　　Votong做了很多陀螺，就用牛車運載陀螺到田裡，到達田裡就把陀螺一個一個地轉，放在土地上，不一會兒，陀螺就把田地耕耘的一乾二淨。

　　種植作物開始了，別人家都種植稻米和小米等主要糧時，而Votong卻種植南瓜、絲瓜和苦瓜等，岳父母又不高興了說：「人家都種植主糧，而你卻只重蔬菜，我們總不能只吃蔬菜吧」！

　　到了要收穫的時候，人家的庭院都是滿滿的稻米，而Votong家卻是滿滿的蔬菜，岳父母真的是氣炸了。但是一剖開南瓜，裡面卻是滿滿的稻米，而且都已經去殼了，可以直接煮來吃。剖開絲瓜，裡面卻是滿滿的小米，也是去糠了，也是可以直接煮來吃。岳父母真的是樂歪了頭。

　　智慧之神Votong（福通）創造的陀螺，原來是農耕的用具，後來也變成兒童喜歡玩的玩具。

　　本故事敘述「陀螺」的由來，是Votong（福通）創造的，族人很欣賞Votong的聰明與才能，於是封他為「智慧之神」。祭拜他就是希望他能夠賜給「聰明」、「智慧」與「才能」。

　　「陀螺」也是兒童喜歡玩的玩具。按布農族也有將「陀螺」與農耕祭儀相聯繫者。

二、彈弓

口述者：黃德勇

族名：Komod bulaw（古穆・布勞）

族別：撒奇萊雅族

出生：1950年11月14日

地點：花蓮市撒固兒部落（國福里）

採錄者：田哲益

採錄時間：2018年10月27日

　　「彈弓」是保身和攻擊人的武器，也可以用以打獵，例如射小型動物飛鼠、鳥類、松鼠等。以前太魯閣族人住在山上，他們會到撒奇萊雅族人的部落出草獵人頭，族人很害怕。但撒奇萊雅族人也會反擊，除了使用弓箭外，「彈弓」也是很重要的武器，彈弓的射程也是很遠的。每一次太魯閣族人下山想要進入部落，都被撒奇萊雅族人用彈弓擊退。彈弓發揮了禦敵的作用。彈

壽豐鄉水璉部落巨型彈弓

弓也是兒童的玩具，可
以練習打打小鳥等。

撒奇萊雅族的「彈弓」
不但是武器，也是童玩，在
祭祀時也是祭物。

撒奇萊雅族年長婦女服飾（2006年7月）

三、鋤頭傳說故事

口述者：黃金文
族名：Nowa watan
族別：撒奇萊雅族
採錄者：劉秀美、魏美玲、賴奇郁、蘇宇薇《火光下的凝召》

⋯⋯⋯⋯⋯⋯⋯⋯⋯⋯⋯⋯⋯⋯⋯⋯⋯⋯⋯⋯⋯⋯⋯⋯⋯⋯⋯

　　撒奇萊雅族最早並不會種田，只在旱地裡種，不會
在田裡種，過去沒有鐵的產品，幾乎都是用竹子挖
地，把竹子剖開了以後修尖，用尖頭耕地、除草，相當
的費力氣。達達（鋤頭）就在這樣的情形下出現的，它
看到主人耕種要用竹子去挖地太辛苦了，就出現在這個
人的面前告訴他：「你不要這麼辛苦了，我可以給你
用」！達達在族人面前說：「你把石頭敲破，敲破了以
後，就用‘馬賽’（野藤）綑綁在你的竹子上面，用剖
開的石頭去鋤地，就有比較好的工作效率了」。後來族
人就把石頭敲成兩半，變成長型的，把它綁在竹子

上，用石頭去挖土，效率相當好，從此以後就有了達達
（鋤頭）。後來漢人帶了鐵製的鋤頭來以後，他們仍然
把鋤頭叫達達。①

　　這是一則農耕農具發展的傳說故事。鋤頭是農耕最重要的器
物，族人最早只是用竹子挖地，後來「達達」（鋤頭）教族人製
作「竹石鋤頭」，工作就更有效率了。其後才用漢族人的鐵製鋤
頭，但是仍然稱呼為「達達」。

四、住屋的故事

口述者：黃德勇
族名：Komod bulaw（古穆・布勞）
族別：撒奇萊雅族
出生：1950年11月14日
地點：花蓮市撒固兒部落（國福里）
採錄者：田哲益
採錄時間：2018年10月28日

....

　　撒奇萊雅族的住屋稱為Luma，形式有茅草屋、竹
茅草屋、竹木茅草屋、木板茅草屋，現代則進入鋼筋水
泥結構的住屋。住屋頂的茅草需要數年換新一次，才不
會漏水。
　　「茅草屋」除了柱及樑是木頭外，屋頂、屋圍全是

茅草，室內也比較簡單；
「竹茅草屋」屋頂是茅草，
屋圍是竹子，室內有簡易隔
間；「竹木茅草屋」屋頂是
茅草，屋圍及室內是竹子與
木頭，室內隔間比較多；
「木板茅草屋」，這是日治
時代才有的形式，屋頂是茅
草，屋圍及室內是木板，室
內的設置則比較繁複也較精
緻。

情人袋（撒固兒部落磁磚故事牆）

　本則報導是關於撒奇萊雅族傳統住屋之演進史。現代這些傳
統住屋，已經非常罕見了。

　按撒奇萊雅族也會用「檳榔木」搭蓋工寮或住屋。在進入鋼
筋水泥結構的住屋之前，也曾經住過鐵皮屋、水泥磚瓦屋等。

撒奇萊雅族木茅草屋（撒固兒部落磁磚故事牆）

五、情人袋

口述者：黃德勇

族名：Komod bulaw（古穆‧布勞）

族別：撒奇萊雅族

出生：1950年11月14日

地點：花蓮市撒固兒部落（國福里）

採錄者：田哲益

採錄時間：2018年10月27日

....

　　我們撒奇萊雅族有一種「情人袋」（Alubu），是男女配戴的隨身物品，原來只是實用的裝物袋，裝一些小東西如菸草、菸斗、檳榔等。後來織繡愈來愈精緻，女子為了表現自己的手藝，在豐年祭時贈送給心儀的男子，以示情意，變成了表情達意的媒介。男子收到精美的禮物，心蕩然之。男子如果對女子也有情意，就會與她跳舞，表示願意接受愛意，就會繼續進一步交往。因為女子贈送的袋子裡裝有檳榔，所以最初是稱為「檳榔袋」，因為是表情達意之物，後來就稱「情人袋」了。

　　在母系社會組織制度中的撒奇萊雅族，婚姻的求婚者是「茱麗葉」，而非「羅密歐」。由於古代傳統社會較為封閉，因此男女示情意，歌舞聚會的場合是最佳的時機。

　　女子若遇到心儀的男子，便會傳遞檳榔給他，甚至將自己製

作的「情人袋」送給他（情人袋是很精緻的手工織繡）。古昔織繡是女子要學會的技巧。最初「情人袋」稱為「檳榔袋」。最早推廣「檳榔袋」改稱「情人袋」者，據知是筆者屏東師專學長，國中校長林正二（當時他任立法委員），在我去海南島海南大學參加國際人類學學術會議（筆者第二度周衛民和唐文玲教授邀請到海大發表論文），林正二學長與林春德學長（也是屏東師專較早期的學長，也是時任立法委員），二位帶團到海南島旅遊考察，真是湊巧同搭一班機。林正二學長告訴我「情人袋」的故事。

世界真是說大也不大，天下不期而遇的事情實在是太多了，只是我們可能沒有留意罷了。有一次去山東濟南參加國際人類學學術會議，在香港轉機時，好巧不巧遇到數十年嫁到日本的友人全嬙秋小姐，與日籍的先生在啟德機場（現已停用）巧遇，我們相談甚歡。

又有一次到法國巴黎，這次是去旅遊，當日是法國的國慶日，我與妻子碰到了「恐怖攻擊」，當時「恐攻」在世界是各大媒體的頭版新聞，街上到處是軍隊與警察，還有很多女警。在法國旅遊期間，在一個海灘上巧遇國小同學司阿定小姐。天下真是無奇不有，什麼事情都會發生，所以要珍惜緣分，錯過了也許就沒有下一次了。

撒奇萊雅族少女服飾（2006年7月）

撒奇萊雅族婦女服飾（2006年7月）

六、撒奇萊雅族民族服飾

口述者：黃德勇
族名：Komod bulaw（古穆・布勞）
族別：撒奇萊雅族
出生：1950年11月14日
地點：花蓮市撒固兒部落（國福里）
採錄者：田哲益
採錄時間：2018年10月27日

....

　　撒奇萊雅族人因為「達固部灣戰役」戰敗逃難，「隱姓埋名」長達129年依附於阿美族。2007年終獲正名「撒奇萊雅族」，成為台灣原住民第十三個原住民族。

　　由於長期依附於阿美族，因此在許多的文化、習俗、祭儀，甚至是語言和服裝，也多是「阿美族化」。為了有別於阿美族，首先在服飾上就要建構族群的特色。這也是最重要的首要步驟。

　　撒奇萊雅族人設計的服飾是台灣原住民族群中最具特殊意義者，一般族群的服飾是以保暖和美觀為主要的目的。而撒奇萊雅族的服飾意涵著族群的血淚史。

　　撒奇萊雅族人祭祀「土地神」，認為「土地有心」，因此設計以土金色為主色的服裝，並且以暗紅長袍搭配，代表著族人暗夜逃亡時所留的鮮血與苦難艱苦奮鬥。而頭飾的綠色鑲邊，代表著當時被清軍「火

攻」的「達固部灣」部落的刺竹圍籬護牆。並且以淚珠
為墜飾，是族人忍辱生存的眼淚。

　　按撒奇萊雅族人的服飾，是獨立「自成一族」後設計的民族
服飾，所以很新穎，也非常具有民族意義，於服飾中呈現出族群
的辛酸及不忘故土和曾經遭到清軍滅族的記憶。

　　撒奇萊雅族人的服裝（dikuc）：②

　　（一）土金色：代表土地有心、土地有金及重回故土。

　　（二）凝血色：代表「撒固部灣戰役」祖先犧牲生命、鮮血
流乾，提醒後世慎終追遠。

　　（三）海青色（藏青色）：代表紀念阿美族（Pangcah）的
至高情誼與百年之恩。

　　（四）草綠色：代表刺竹，代表年齡階級與民族精神。

　　（五）炭黑色：代表部落與祖靈。

　　（六）泥褐色（山棕色）：代表提醒後世莫忘祖先逃難、腳
踩泥濘情形，喻應吃苦。

　　（七）珠白色：代表眼淚，莫忘百年隱姓埋名之屈。

　　其中土金色與凝血色為主色，餘為輔色。筆者最喜歡「海青
色」代表的意涵，也很激賞撒奇萊雅族人，沒有忘懷當年阿美族
人的點滴之恩。

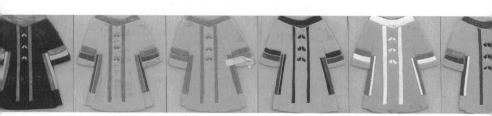

撒奇萊雅族服飾（撒固兒部落磁磚故事牆）

男性頭飾與情人袋上的三角形，取自砂婆噹山上Sipildacay（三角形岩塊，意為神的印記）的神話故事，代表犧牲、奉獻與貞節。金色串珠代表土地與財富，圓形則代表太陽以及造物神馬拉道。頭飾的尾巾須長及腰部，代表成熟穩重。③

婦女頭冠上的串珠寓意「刺竹圍牆」、「母親眼淚」；男子頭冠上則有著「三角神印」、「壯羽飛揚」及冠帶垂腰的典故意意。④

七、弓箭

口述者：黃德勇

族名：Komod bulaw（古穆・布勞）

族別：撒奇萊雅族

出生：1950年11月14日

地點：花蓮市撒固兒部落（國福里）

採錄者：田哲益

採錄時間：2018年10月27日

⋯⋯⋯⋯⋯⋯⋯⋯⋯⋯⋯⋯⋯⋯⋯⋯⋯⋯⋯⋯⋯

「弓箭」是我們以前撒奇萊雅族傳統的狩獵武器，地上的走獸則用弓箭射擊，天上的飛鳥則用彈弓射鳥，彈弓也可以打松鼠、飛鼠、鳥禽等動物。我們與敵人作戰會以弓箭、彈弓、槍矛等武器，有了火槍和刀之後也用之狩獵和戰爭。

「撒固部灣戰役」時，族人用的就是這些傳統武

器，但是畢竟比不過清軍較先進的火槍和火炮，於是差一點被清軍火燒攻擊被滅族。但是我們今天還能夠堅強的存活了下來。真是感謝歷代祖靈和天神們的保佑。

「弓箭」是世界上許多原始民族多有的武器。弓是世界上最早出現的遠距離殺傷武器之一。一般通過弓臂的彈力來射出箭。弓箭最初用於狩獵，後來大量運用於戰爭。

弓箭是一種威力大、射程遠的遠射武器。「弓」是由有彈性的弓臂和有韌性的弓弦構成；「箭」包括箭頭、箭杆和箭羽。「箭頭」為銅或鐵製（現代的箭頭多為合金），「杆」為竹或木質（現代多為純碳或鋁合金），羽為鵰，鷹或鵝的羽毛。是軍隊與獵人使用的重要武器之一。

勇猛的戰士（撒固兒部落磁磚故事牆）

撒奇萊雅族女弓箭手（2018年10月）

【注釋】
① 劉秀美、魏美玲、賴奇郁、蘇宇薇《火光下的凝召》，花蓮，花蓮市公所出版，2011年3月，頁53。
② 撒固兒部落磁磚故事牆解說。
③ 花蓮縣原住民文化會館解說牌。
④ 同注③。

第十五章

撒奇萊雅族
變異神話傳說故事

有一則故事傳說少女殉情後變成一根有求必應且具靈性的羽
毛，這個羽毛被一個年輕人撿到了，羽毛突然說話了……

一、神奇羽毛

口述者：黃金文
族名：Nowa watan
族別：撒奇萊雅族
採錄者：劉秀美、魏美玲、賴奇郁、蘇宇薇《火光下的凝召》

　　有一個英俊瀟灑的年輕人，跟美麗溫柔的女孩談戀愛，但是父母親不同意，兩個人就去尋死，突然間從地面上蒸發不見了，但是掉下來一根鳥的羽毛，被一個年輕人撿到了，他把玩羽毛時，羽毛竟然會講話：「我原來是一個少女，因為我的父母親不肯讓我嫁給我的心上人，所以我就消失在人間，留下羽毛。你好好利用羽毛，它是有魔力的。」後來這個男孩子有任何需要的時候就告訴羽毛，要求什麼就有什麼，就變魔術一樣拿著羽毛說：「我要那個」，東西就出來了。後來羽毛告訴他：「我不能再供應你什麼東西。最後只能留下一把佩刀給你，這把佩刀非常尖銳，你走到那邊的山洞，如果你進去的時候，有輕微的震動，你就把刀拔一點點。在那裡你會娶到一個最漂亮的少女，從此以後你就要跟這個少女一起生活，你不要再要求我什麼東西，兩個人共同去創造自己的生活。」少年就照它的話做，他一走進去山洞，感到了些微震動，原來洞裡有一條蛇。他就依照羽毛的話把刀拔出一點點，洞裡的蛇就斷了。他再進去的時候，震動力更強，原來還有一條更大的蛇，他再

把刀拔出一點，蛇就死了。他越往裡走，震動力越強，原來還有一條比前兩條更大的蛇，最後他把整個佩刀全部拔出來的時候，大蟒蛇也死了。少年把蛇全部殺死以後，面前比較小的蛇變成一個漂亮的少女，原來這些被殺死的蟒蛇是為了不讓少女離開山洞。後來他娶了少女回家，父母親都認為族裡面沒有那麼漂亮的少女，這些都是受到羽毛的幫助。（黃金文口述）。①

本故事敘述少女殉情後，變成一根有求必應且具靈性的羽毛，這個羽毛被一個年輕人撿到了，羽毛突然說話了：「我原來是一個少女，因為不能讓我嫁給心上人，所以我就消失在人間，留下羽毛。這個羽毛可是有魔力的。」男孩子有任何需要，要求什麼？羽毛就給他什麼。最後羽毛說：我不能再給你什麼了，我最後留下一把尖銳鋒利的佩刀給你，羽毛要他進入山洞裡去救一位少女，在佩刀的協助下殺死了小、中、大蛇三條，娶得了美麗的少女。

二、少女變成羽毛

口述者：黃金文
族名：Nowa watan
族別：撒奇萊雅族
採錄者：劉秀美、魏美玲、賴奇郁、蘇宇薇《火光下的凝召》

有一個名叫「金里」的少女變成了羽毛，被一個困苦無依的少年撿到，他撿到羽毛以後玩一玩後放在身上。這時羽毛突然間講話，它說「機不里啦嘎鉤（我是少女之意）。」大概十六、七歲的姑娘，叫「機不里啦」。少女告訴他：「我知道你很窮，但是你可以用這隻羽毛得到你想要的東西。」少年本來不相信，後來想想已經窮到這個地步了，不如試試看。少年就對著羽毛小心翼翼地說：「我要一間房子。」突然間就像撒奇萊雅族說的一句話：「克拉斯」（就是從天掉下來的大聲音），一間房子真的掉下來。他又得到了一般撒奇萊雅族人都會配帶的佩刀，羽毛告訴他：「如果你碰到一些威脅生命的時候，可以拿佩刀做武器，如果把刀拔出一點，對方就可能受傷，如果佩刀全部出鞘時，威力相當強，甚至會喪命。」少年知道有一個坑洞時常出現蛇，蛇叫「達規」，他想為族群除害。達規時常出來吃雞，吃狗。為了要把蛇消滅，他就帶著佩刀進

撒奇萊雅族瞭望台（敵樓）

去，一進去發現有一些震動：他就拔刀，越往裡走，他拔刀的程度也從一點點到二寸、三寸，最後遇到蛇的時候，刀就完全出鞘了。其實蛇也是人變的，當他到裡面的時候，蛇就告訴他：「你不要殺我，我是一個人，而不是真正的蛇。」後來少年並沒有殺牠，蛇也答應不再抓狗吃雞了。②

撒奇萊雅族男子（撒固兒部落磁磚故事牆）

本則故事有一個少女變成了羽毛，被一個困苦無依的少年撿到，羽毛突然講話了：我原來也是少女，我知道你很窮，用這隻羽毛可以得到你想要的東西。窮小子半信半疑說我要一間房子，一間房子真的掉下來。他又得到一把佩刀。他知道有一個洞有蛇叫「達規」，他想為部落除害。他帶著這把佩刀進入洞裡，「達規蛇」告訴窮小子其實他也是人，不是真正的蛇。窮少年就沒有殺「達規蛇」，並且答應不會再去吃部落的雞和狗。

三、少女變成老鷹

口述者：黃金文
族名：Nowa watan
族別：撒奇萊雅族
採錄者：劉秀美、魏美玲、賴奇郁、蘇宇薇《火光下的凝召》

....

　　以前有兩個女孩，她們是一起工作的朋友，輪流到對方田地幫忙。其中一個女孩的媽媽，是親生媽媽，中午都會帶很好的飯給她吃，而另一個女孩的媽媽是後母，所以帶來的飯都是不好的，所以那個女孩就開始切衣服，在工作時就和朋友說她要去大便，在大便時也不停切衣服，等衣服切完做好後，她就跟朋友說：「再見！我要去囉！」接著那個受後母虐待的女孩就變成老鷹了。（黃金文口述）。③

本則故事兩位女孩為「輪工組」，在田地工作時，一位女孩中午的飯是親生母親送的，一位女孩的中飯是後母送的。親生母親送的中飯豐富，後母送的中飯品質很差。所以他覺得愈來愈不幸福，就決心要離開家庭，過著自由自在的生活。她開始切衣服，做為翅膀，衣服切完了，就跟朋友道聲再見，飛上天，變成老鷹。在天際無拘無束的翱翔，再也不會受到後母的虐待。

【注釋】
① 劉秀美、魏美玲、賴奇郁、蘇宇薇《火光下的凝召》，花蓮，花蓮市公所出版，2011年3月，頁63。
② 同注①，頁64。
③ 同注①，頁66。

第十六章

撒奇萊雅族
阿里嘎蓋神話傳說故事

撒奇萊雅族傳說故事中的阿里嘎蓋是作惡多端的人，會變換形體欺騙撒奇萊雅族人。傳說他們的具體部落在花蓮市忠烈祠。阿里嘎蓋會佯裝成嬰兒的母親位乃，結果把嬰兒的內臟腸子吃掉了，甚為殘忍。

阿里嘎蓋在撒奇萊雅族人的眼中，是極端可惡者，除了擅於變換外型的幻術、偷天換日欺騙婦女、手臂斷了就用漂流木當做手、隱身偷莊稼、吃嬰兒內臟場子更是可怕。當然撒奇萊雅族也不會坐視容忍，讓阿里嘎蓋無法無天，於是聯合阿美族的巫師將阿里嘎蓋趕往太平洋，從此阿里嘎蓋就不再出現了。

一、阿里嘎蓋傳說

口述者：黃金文
族名：Nowa watan
族別：撒奇萊雅族
採錄者：劉秀美、魏美玲、賴奇郁、蘇宇薇《火光下的凝召》

....

　　以前有一個巨人族阿里嘎蓋，他們人高馬大，眼睛是藍色的，眼珠子是碧綠的，頭髮是金色的。他們好吃懶做，雖然和人說話時和顏悅色，但是卻有著壞心腸。尤其阿里嘎蓋像是魔鬼一樣，會藉由變化形體專門去欺騙撒奇萊雅的族人，並佔據整個美崙山，在忠烈祠附近有其部落。①

　　本則敘述阿里嘎蓋的形象，好吃懶做，表面上和顏悅色，但是心腸不好。他們會變化形體去欺騙撒奇萊雅的族人。傳說在花蓮市忠烈祠曾經有他們的部落。

二、阿里嘎蓋吃嬰兒內臟腸子

口述者：黃金文
族名：Nowa watan
族別：撒奇萊雅族

採錄者：劉秀美、魏美玲、賴奇郁、蘇宇薇《火光下的凝召》

　　阿里嘎蓋巨人只吃嬰兒的內臟腸子，以前撒奇萊雅族的大人要去工作，而兄姐就要幫忙照顧嬰兒，阿里嘎蓋會易容成媽媽的樣子去欺騙揹著嬰兒的大孩子，假裝要餵奶，叫大孩子出去玩一玩，他把嬰兒的肚子打開了後，就把內臟全部吃光，又包起來再揹回給大孩子。真正的媽媽回來說：「弟弟抱來，我要餵奶。」大孩子說：「媽媽剛剛不是餵過奶了嗎？弟弟睡覺了。」他們開始懷疑嬰兒為什麼沒有哭後，才發現已經受騙，而嬰兒已經死了。②

　　本故事敘述阿里嘎蓋變換成嬰兒的母親，佯裝要餵奶，就把嬰兒的內臟腸子吃掉，嬰兒就死了，真是殘忍。

三、小孩子集體對抗阿里嘎蓋

口述者：黃金文

族名：Nowa watan

族別：撒奇萊雅族

採錄者：劉秀美、魏美玲、賴奇郁、蘇宇薇《火光下的凝召》

　　當族群全部在外工作的時候，老人怕小孩子會被阿里嘎蓋抓走，就把八歲以下的小孩放在阿公、阿嬤的家

裡，九歲以上小孩大部份都跟父母親工作，或者將部落中的小孩集中在一個茅草屋中照顧。後來阿里嘎蓋來的時候，一腳往屋頂踩下去，他拔起腳後，伸出手想要抓小孩，老阿公叫年紀較大孩子拿繩子把阿里嘎蓋的手綁起來，繩子固定後大家一起拉，所有的孩子全部用力拉著繩子，將阿里嘎蓋的手臂拉斷了，阿里嘎蓋尖叫一聲，後來就沒有再出聲了。小孩子都很怕另外一隻手是不是還會伸進來，結果沒有。阿里嘎蓋就坐在屋頂上說：「lucky-lucky，我這隻手掉了我就不要了！雖然沒有手了，但還可以用木頭來代替。」然後就用海邊漂流木頭充當斷掉的手。部落老人認為「lucky-lucky」這句話是指：「太可惜了。」因為他就算手斷了還可以用木頭換，可惜的只是他仍然沒有抓到小孩。③

這是小孩集體對抗阿里嘎蓋，結果小孩戰勝了的故事。阿里嘎蓋實在太厲害了，手臂被拉斷了還能夠用漂流木充當手。

阿里嘎蓋（撒固兒部落磁磚故事牆）

四、阿里嘎蓋騙色

口述者：黃金文
族名：Nowa watan
族別：撒奇萊雅族
採錄者：劉秀美、魏美玲、賴奇郁、蘇宇薇《火光下的凝召》

Sakizaya每年都有捕魚祭，部落所有的男人都要到河流、海邊去抓魚，抓完就在野外找一個空曠的地方跟家人煮魚用餐。有一對年輕的夫妻，老婆相當漂亮，年輕人認為將老婆留在家裡，自己去抓魚，再拿回來煮就可以了。年輕人一出去後，阿里嘎蓋就把白天變黑夜，少婦在家裡感覺到太陽很快地往西邊下山了，她趕緊去做糯米飯，沒多久，阿里嘎蓋變成丈夫的形象回來了，他對婦女說：「我捕魚回來了！」。到了晚上，夫妻兩人就上床睡覺了。阿里嘎蓋達到了騙色的目的，很快的又將夜晚變回成白天了。少婦起床準備早餐，用完早餐丈夫又出去了。沒有多久又傍晚了。因為婦女認為捕魚祭已經過了，就沒有準備糯米飯。但是沒多久，丈夫帶著很多魚回來，丈夫問她：「你怎麼沒有做糯米飯。」少婦說：「我們昨天已經吃過呀！昨天的魚都還沒有吃完，你又去捕魚。喔！那一定是那個阿里嘎蓋。」這個時候少婦才知道已經被阿里嘎蓋騙了。這件事只有兩夫妻知道，丈夫也沒辦法，最後只能原諒自己的老婆。④

本則故事阿里嘎蓋騙色的故事，阿里嘎蓋神通廣大，可以轉換天色，誤導婦女，然後轉變成婦女丈夫之形象，與婦女同眠，成功騙色。

　　撒奇萊雅族諺語：「學阿里嘎蓋對待婦女的人會被海神遺棄」（misa alikakay to babahi no taw，sipibakah no kabid），淫亂者，鬼神不容。⑤

　　傳說中，阿里嘎蓋族是一群色魔，他們以變身、隱身的技倆蹂躪了許多婦女，終於引起撒奇萊雅族的激烈反擊而發生戰爭。海神（kabid）於緊要關頭協助將色魔擊潰，趕到大洋之中。從此族人對海神救族之恩無限感激，常以本則寓言提醒男性，不得有色情淫亂的行為，以免遭受海神懲罰。⑥

五、阿里嘎蓋偷農耕收穫物

口述者：黃金文
族名：Nowa watan
族別：撒奇萊雅族
採錄者：劉秀美、魏美玲、賴奇郁、蘇宇薇《火光下的凝召》

　　撒其萊雅族在小米的專業區「幾巴努安」，美崙山的東側（現在的花蓮縣政府一帶）種莊稼的時候，絕對不能用牛車載運，因為必須經過阿里嘎蓋的部落，那個低窪的地方（少女被洪水沖走的地方），經過的時候，阿里嘎蓋就會隱身，從牛車上偷東西。後來老人就

想辦法，按照巫師的方式，把莊稼綁得緊緊的，用挑的
回來。⑦

　　本則故事敘述阿里嘎蓋盜偷糧食的故事。撒奇萊雅族人農耕
收穫時，會用牛車運載收穫物回家，返家途中一定會經過阿里嘎
蓋的部落，阿里嘎蓋就會隱身從牛車上偷東西。後來巫師想出了
一個法子，就是把莊稼綁在身上緊緊的，用挑的回來，就不會被
阿里嘎蓋偷竊了。

阿里嘎蓋（撒固兒部落磁磚故事牆）

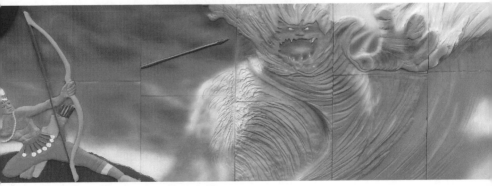

反擊阿里嘎蓋（撒固兒部落磁磚故事牆）

六、趕走阿里嘎蓋

口述者：黃金文
族名：Nowa watan
族別：撒奇萊雅族
採錄者：劉秀美、魏美玲、賴奇郁、蘇宇薇《火光下的凝召》

　　撒奇萊雅族的頭目和耆老認為不能讓巨人阿里嘎蓋一直來攻擊，就遷徙到達固部灣，也就是美崙山西側。因為巨人會隱形，他們用刺竹把自己圍起來，巨人就沒有辦法遁形了，只能從大門口進來，而大門口都有巫師，再怎麼遁形，巫師都會看得到，阿里嘎蓋才沒有辦法繼續騷擾撒奇萊雅族人的生活。阿里嘎蓋最怕大人的尿液，巫師要驅逐阿里嘎蓋時，就是用竹子製成竹筒裝尿液，竹筒上綁繩子用布蓋著，將它一丟，尿液的味道就會滲到外面，阿里嘎蓋聞到味道就跑掉了。後來撒奇萊雅族的巫師能力不夠，就聯合阿美族的的巫師一起把阿里戛蓋趕走，當阿里嘎蓋被巫師圍住的時候，曾經請求巫師不要消滅他們，讓他們安全離開。巫師的領導者同意不傷害他們，他們就往奇萊平原走，往太平洋方向離開。阿里嘎蓋離開的時候走在海上，海水幾乎只有到他們的小腿。從此以後，阿里嘎蓋就沒有再出現了。撒奇萊雅族跟阿美族也因此成為很好的夥伴了。到現在，美崙山上還可以看到阿里嘎蓋留在石頭上的大腳印。⑧

　　這是一則趕走阿里嘎蓋的傳說故事。撒奇萊雅族人長期受到阿里嘎蓋的攻擊，於是就遷徙到達固部灣，種植刺竹做為部落護牆，阿里嘎蓋只能從大門口進來，但是大門口有巫師守護著，阿里嘎蓋即使隱身，巫師還是可以看到他，讓他無所遁形。巫師會製作竹筒裝尿液，綁繩子用布包裹，將它一丟，阿里嘎蓋聞到味道就會跑掉了。後來撒奇萊雅族的巫師聯合阿美族的巫師把阿里嘎蓋趕往太平洋的方向，從此阿里嘎蓋就消失了。

七、阿里噶蓋

採錄地點：花蓮市國福國小故事牆

故事來源：李逸偉

採錄者：田哲益

採錄時間：2018年10月28日

························

　　在傳統信仰中，海神卡飛德是最令族人畏懼的神祇，因為他的性情剛烈，喜怒無常，雖然海洋提供了豐富的食物，但也時常帶來莫大的災害，海神位居於東方，職司海洋、河流、天象與氣候，人們所懼怕的颱風、地震，也是海神所理，甚至發生乾旱、洪水等氣候異變現象，也都與海神有關。漁民因為經常出海捕魚，因而更加敬畏海神，如果海神興風作浪，漁民可能就遭遇災害與生命危險。因此，出海前，漁民一定會向東方祭拜海神，祈求平安。如果部落久旱不雨，或者洪

水氾濫，祭司都會盡力與海神溝通，平息海神的怒氣，阿里嘎蓋（Alikakay）以邪惡的法術到處肆虐，部落與族人遭受到空前的災難，討伐魔族年齡階級青年更是死傷慘重。幸好，海神卡飛德的協助，將制敵的妙方託夢給頭目，因此才順利將魔族驅逐，阿里嘎蓋為了報答族人不殺之恩，便應允族人，他將每年都會奉上豐富的魚餌。從此，每年魚季來臨時，部落就會舉行「海神祭」來感念海神。

本則傳說敘述海神卡飛德協助驅逐阿里嘎蓋，為報答海神，每年魚季來臨時，撒奇萊雅族就會舉行「海神祭」來感謝海神。

傳說阿里嘎蓋常以邪惡的法術肆虐撒奇萊雅族人（國福國小故事牆，蕭巨杰繪）

八、阿拉嘎蓋

講述者：李來旺，68歲，國小校長退休
採錄者：許端容、鄭慈宏
採錄時間：1999年4月18日
採錄地點：花蓮縣壽豐鄉水璉村
故事來源：金榮華《台灣花蓮阿美族民間故事》

．．

　　阿拉嘎蓋是美崙山阿美族最討厭的一個巨人族。其實那是一種鬼的名稱，阿美族人常常拿他來嚇小孩子。晚上小孩子哭，大人會對他說：「小心阿拉嘎蓋會來把你吃掉！」平時也會對孩子說「如果你叛逆頂嘴，就會被阿拉嘎蓋吃掉！」為什麼會用阿拉嘎蓋來嚇人？這是有原因的。

　　從前，花蓮吉安有一個美崙山部落。阿美族給這個美崙山取名叫「巴列克」，「巴列克」就是鬼頭刀魚，可能是遠遠看去那座山像鬼頭刀魚一樣吧！以前這個地方沒有人住，周圍則都是阿美族。他們以農業為主，生活過得很淳樸，很平安。

　　有一年，美崙山上忽然熱鬧起來，因為有人搬去住了。那些人身材都很高大，後來阿美族人叫他們阿拉嘎蓋，自從他們來了以後，日子就不平安了。

　　起初是有一個四十多歲的媽媽，帶了一個大概八、九歲的女兒，揹著一個一歲多的女嬰，到美崙附近山上去工作。到了那裡，媽媽叫大女兒揹著妹妹在樹下

休息，不要曬太陽，她去田裡工作，兩小時以後回來餵妹妹。

　　媽媽走後，小女孩就在樹下唱歌哄小孩。過了一陣，媽媽回來了，問大女兒：「妹妹沒有哭嗎？好，好，我來餵她，妳把她放下來。」小女孩把妹妹放下來給媽媽餵奶，自己就跑去一邊玩。媽媽餵完孩子，就對大女兒說「我餵好了，妳來揹妹妹，她睡著了。」說完讓女孩把嬰兒揹上就走了。

　　過了不久，媽媽又回來了，問女孩：「妹妹沒有哭嗎」？說著要女兒把嬰孩給她餵，女孩說「咦！媽媽，你剛剛不是已經來餵了嗎？」媽媽聽說，愣了一下，說「沒有啊，我早上一直在忙。」說著把嬰孩抱起來，可是她發現嬰孩已經死了。

　　為什麼會死呢？不清楚。也沒有傷口，是怎麼一回事呢？為什麼會這樣呢？媽媽很緊張，馬上抱著嬰孩回家。到了村裡，發現這邊在哭，那邊也在哭，互相詢問，一共有五、六家，都是死了嬰孩。大家開始議論紛紛，為什麼我們部落會有這種事發生呢？

　　這樣的情形，第二天、第三天又陸續發生了。部落就開會，宣佈從明天開始，全村落的孩子都不要揹到山上去，把他們集中在聚會所，派人守衛。大家懷疑這些事是山上新搬來的那些人幹的！

　　兩個月後，來了一個比常人高三、四倍的巨人。他不斷地喊著：「我的肚子餓了，我要吃小孩！」守衛聚會所的人急忙把全部小孩都藏到床下，並且分別拿刀拿

繩子，準備抓這個巨人。巨人走到聚會所外面，從屋頂上把手伸進去抓小孩。因為小孩都躲到床下，他不清楚，摸不到。守衛的人則立刻把繩子套住他的手，巨人要把手縮回來，大家拼命拉住，結果把巨人手臂拉斷了。巨人的手臂掉了下來，流了一大堆血。巨人說：「手算什麼東西啊，我用竹子一接就有了。」說著就回去了。大家再看那堆血，咦！剛才是紅紅的，現在變成了水。大家再看那個斷臂，竟變成了木材。

過了幾天，溪裡和海裡的魚忽然多了起來，頭目就宣佈第二天大家都去捕魚，晚上才各自回家吃飯。到了第二天，男人都出門去捕魚了，到了中午，在家裡的婦女看見太陽快要西下了，便趕緊準備晚餐。不久，真的，爸爸和孩子回來了，口中喊著「喂！我們回來了，喂！我們回來了。」有的提著很多魚，有的喝醉了酒。這時天已暗了，吃過晚飯，孩子很累了，很快就去睡覺；丈夫也和妻子上床休息。但是妻子覺得有一點奇怪，因為丈夫和平時有點不一樣。

過了一會兒，妻子睡得迷迷糊糊的，聽到小孩在外面喊「媽媽，我們回來了！您來看，我們的魚很多！」跑出去一看，確實是她的孩子和丈夫。心想：奇怪，剛才不是已經回來了，怎麼現在又回來呢？究竟是怎麼一回事？她十分疑惑，但是沒有講出來。

丈夫和孩子喊說肚子餓了，要吃飯。妻子心想：我們不是已經吃過飯了嗎？怎麼還要吃呢？便說：「沒有飯了，沒有飯了。」於是丈夫開始懷疑了，就一直問他

的妻子是怎麼一回事？妻子把剛才的情形說了，丈夫聽了很生氣，罵妻子亂來，另外有男朋友。結果這一家在吵，那一家也在吵，每一家都在吵。後來頭目來瞭解了情形，要大家不要爭吵，因為其中一定有問題。他說：「你們想想看，最近小孩被吃，恐怕和這事是有關係的。」大家聽了才醒悟過來，都說：「對呀！對呀！」

當天頭目就召開幹部會議，第二天召開全村大會，討論這個問題。有人覺得是山上的阿拉嘎蓋族在搗鬼，建議把他們趕走。於是頭目把年輕人全部集合，分作三隊，開始射箭和劈刀等訓練，準備和阿拉嘎蓋打仗。在這段時間裡，因為阿拉嘎蓋會變形、變音成一模一樣的另一個人，所以還是有女孩子陸陸續續地上當，而男人也越來越氣，戰鬥意志也越來越高。

半年以後，訓練完成，要向阿拉嘎蓋進攻了。第一天，第一隊的人拿著弓箭到美崙山去驅趕阿拉嘎蓋，但阿拉嘎蓋站在最高處，把衣服脫了，邊歌邊舞，根本不理睬阿美族人。大家紛紛把箭射去，可是阿拉嘎蓋的身體好像石頭一樣，箭射不進去，大家只好垂頭喪氣的回去了。

第二天，第二隊的人去，在近距離投擲石鏢，可是石鏢打在阿拉嘎蓋身上好像打到棉花一樣掉下地去，阿拉嘎蓋還撿起石鏢打自己的身體，表示石鏢傷害不了他們。第二隊也只好退回。第三隊改用火攻，在箭上塗油，燒著了射出去，想燒掉阿拉嘎蓋的房子。可是箭射

過去，火卻熄了。阿拉嘎蓋人在那邊笑，讓阿美族人氣死了！

第三天，巫婆說，這些魔鬼一樣的人最怕髒東西。什麼東西最髒呢？以前認為是女孩子的月經布。大家就把月經布綁在箭上射過去，這一次，阿拉嘎蓋人不笑，不唱歌了，也迴避了，但是他們並沒有受傷。

最後頭目決定把全部兵力用出去，作肉搏戰，可是大家根本不是阿拉嘎蓋人的對手。阿美族人的刀傷不了他們，而他們卻輕輕鬆鬆就把阿美族人抓起來丟到山溪裡去。大家只好再退回來。頭目看到傷亡慘重的族人，十分傷心，獨自跑到海邊痛哭。後來因為疲累不堪而睡著了。睡覺中他做了一個夢，夢見一個老人告訴他：要用祭拜用的蘆葦去對付魔鬼。

頭目醒來後，遵照巫婆的提示，先作了清心寡欲的禁戒，穿上世傳的頭目衣服，拿著蘆葦做的法器，召集剩餘的年輕人，再次向阿拉嘎蓋族進攻。阿拉嘎蓋族一見頭目手中的蘆葦法器就開始發抖，他們的首領決定接受阿美族的任何條件，阿美族人要他們立即搬離。

阿拉嘎蓋族的動作很快，他們向東往海邊走。到了海邊，他們對阿美族人說：「我們要回報你們的不殺之恩，只要你們在每年的今天，用三個糯米糰和檳榔到這裡舉行祭禮，你們就會捕到很多魚。」

阿拉嘎蓋說完就從海面上向遠處走去，慢慢地、慢慢地消失了。後來阿美族人每年的這天就拿糯米糰到海邊去祭拜，以求捕魚豐收。這個祭拜就成了阿美族的

「海祭」，或叫「捕魚祭」。⑨

　　本則故事講述者李來旺校長，族名「帝瓦伊‧撒耘」，是撒奇萊雅族人。當時受採訪時，撒奇萊雅族還沒有分出獨立成一族，還是附屬於阿美族，所以文中都自稱「阿美族」。但是「阿拉嘎蓋」故事，都同是撒奇萊雅族和阿美族共同的故事。

　　本則傳說情節分析：

　　（一）「阿拉嘎蓋」是美崙山族人最討厭的一個巨人族。其實那是一種鬼的名稱。故阿拉嘎蓋是「鬼」，是一種巨大的「鬼」。

　　（二）族人都很害怕阿拉嘎蓋，尤其是小孩。大人常用阿拉嘎蓋來嚇唬小孩子。例如小孩子哭鬧、叛逆頂嘴，就會被阿拉嘎蓋吃掉。小孩子嚇到了，就不敢哭鬧頂嘴了。

　　（三）美崙山部落應該是屬於花蓮市。美崙山「巴列克」部落，意為「鬼頭刀魚」，就是看去像鬼頭刀魚一樣的山。

　　（四）自從阿拉嘎蓋來了以後，部落族人的生活就不平靜了。

　　（五）阿拉嘎蓋變裝成嬰兒的媽媽去餵奶，等真正的媽媽要來餵奶的時候，才發現嬰兒已經死了。

　　（六）此日部落裡一共有五、六家，都死了嬰孩。這種事情持續發生著。

　　（七）最後，部落會議決定，大人到山裡工作，全部落的孩子都不要揹到山上去，把小孩子都集中在聚會所裡，並且有專人守護。

　　（八）阿拉嘎蓋來了，守衛迅速把全部小孩子都藏到床下。

（九）守衛們拿著刀拿繩子，準備對付阿拉嘎蓋。

（十）阿拉嘎蓋從屋頂伸手進去抓小孩子。但是抓不到，因為小孩子都躲到床底下了。

（十一）守衛的人用繩子套住阿拉嘎蓋的手，大家拼命拉住，把阿拉嘎蓋的手臂拉斷了。

（十二）阿拉嘎蓋的手臂掉了下來，流了一大堆血，就離開了。大家再看那堆紅紅的血，現在變成了水。再看阿拉嘎蓋那個斷臂，竟變成了木材。

（十三）男人們都出門去捕魚了，阿拉嘎蓋變容，把天候也改變了。其實時候才中午，阿拉嘎蓋把天候變到下午太陽要下山的時刻，就佯裝是丈夫捕魚回來了。

（十四）吃過晚飯後，假丈夫就和妻子上床睡覺。妻子只是覺得丈夫有一些奇怪。

（十五）到了真的入夜了，真丈夫與真孩子真的回來了。妻子非常疑惑，只是沒有講出來罷了。

（十六）父子肚子餓了要吃飯。妻子心想：不是已經吃過飯了嗎？就說沒有飯了。

（十七）丈夫懷疑了起來，妻子就把剛才發生的事情訴說了。丈夫很生氣，以為妻子偷人。

（十八）結果，每一家都在吵，都發生了同樣的事情。

（十九）頭目召開幹部會議和全村大會，認為是阿拉嘎蓋所為，決議把他們趕走。

（二十）頭目集合全部的年輕人，分作三隊，開始射箭和劈刀等訓練，準備和阿拉嘎蓋打仗。

（二一）阿拉嘎蓋的行徑還是甚囂塵上，因為他們會變形，

故還是有許多女孩子上當，男人們的戰鬥意志也越來越高。

（二二）男子勇士接受訓練半年後，便向阿拉嘎蓋進攻了。

（二三）族人用弓箭、擲石鏢、火攻等，阿拉嘎蓋都不怕，根本傷不了他們，還邊笑邊歌邊舞。

（二四）族人認為最髒的東西是女孩子的月經布，就把月經布綁在箭上射去，這一次，阿拉嘎蓋人不笑了，也不唱歌了，也迴避了，但是還是傷不了他們。

（二五）頭目用全部的兵力與阿拉嘎蓋作肉搏戰，但是阿拉嘎蓋卻輕輕鬆鬆把勇士抓起來丟到山溪裡去。

（二六）頭目到海邊痛哭，後因疲累不堪而睡著了。睡夢中，夢見一個老人告訴他：要用祭拜用的蘆葦去對付魔鬼。

（二七）頭目依照夢卜再次進攻。阿拉嘎蓋一見頭目手中的蘆葦法器就開始發抖了，決定接受任何條件，族人則是要他們立即離開這個地方。

（二八）阿拉嘎蓋向東往海邊離開。

（二九）在海邊，他們對族人說：「我們要回報你們的不殺之恩，只要你們在每年的今天，用三個糯米糰和檳榔到這裡舉行祭禮，你們就會捕到很多魚」。

（三十）後來族人每年的這天就拿糯米糰到海邊去祭拜，以求捕魚豐收。這個祭儀就是現在的「海祭」，或叫「捕魚祭」。

【注釋】
① 劉秀美、魏美玲、賴奇郁、蘇宇薇《火光下的凝召》，花蓮，花蓮市公所出版，2011年3月，頁54。
② 同注①，頁54-55。
③ 同注①，頁55。
④ 同注①，頁56。
⑤ 帝瓦伊‧撒耘《阿美族群諺語》，台北，德英國際公司，2005年9月，頁118。
⑥ 同注⑤。
⑦ 同注④。
⑧ 同注①，頁56-57。
⑨ 金榮華《台灣花蓮阿美族民間故事》，新店，中國口傳文學學會，2001年10月，頁61-67。

第十七章

撒奇萊雅族
婚喪愛情神話傳說故事

巴奈（Panay）是一位美麗的女子，許多人為她傾倒。為了獲取她的芳心，紛紛用體能競技較勁。最後是二位阿里嘎蓋的後裔最厲害。二位強者繼續比賽，比賽項目是撐竿跳和長途賽跑，二位都非常厲害，不分軒輊，雙雙過關。就在此時，一位牧童發現Panay走過的地方，樹木野草都變得枯黃，於是族人認為她是妖魔的化身……

一、小海神新娘

採錄地點：花蓮市國福國小故事牆
故事來源：李逸偉
採錄者：田哲益
採錄時間：2018年10月28日

....

　　相傳遠古時候，海洋和陸地是沒有界線的，海水可以到達陸地的任何一個地方。居住在陸地上的撒奇萊雅人，常常擔心生命財產會被海水淹沒，撒奇萊雅族的始祖Botoc及Sabak二人所生的女兒，名字叫Lobas，而Lobas有一個女兒叫Silingan，Silingan擁有白皙的皮膚，而且他的身體會發出柔柔的紅光，非常美麗。有一天，Silingan來到海邊嬉戲時，遇見了海神之子Balakas，海神之子被Silingan的美麗所吸引，Balakas決定要到Silingan家提親，在多次強行提親之後，卻一直都沒有結果，於是海神之子開始憤怒，便施展法術引發海嘯，將部落全部淹沒，殘存的族人於是向Lobas求救，請求犧牲她的女兒Silingan以拯救部落，但Lobas心理有千萬個不願意，但是族人哭求的聲音，讓Lobas無可奈何，只好答應。她將女兒裝入箱內，放入海上任其漂流，霎時海面上散發出一片紅光，海嘯便漸漸退去。事情過後，Lobas非常思念女兒Silingan，於是她帶著三個兒子和一枝銀色的鐵杖，就沿著箱子漂流的方向，一步一步的向南找尋女兒。有一天，當她來到了

Talawadaw，也就是現在花蓮秀姑巒溪口時，Lobas氣憤的丟下銀色鐵杖，向海神說：「以這枝鐵杖為界，海水不可以越過來。」從此以後，東海岸出現了一道銀色沙灘，成為海陸界線，而海水再也不可以任意的侵犯陸地。Lobas的兒子們並沒有停下尋找妹妹的腳步，後來他們便成為了其他原住民的祖先。而Silingan成為海上的一盞明燈，拯救在海上發生危難的族人。

以前海水可以到達陸地的任何一個地方。Silingan（莎玲南）是一個非常美麗的女孩，她到海邊嬉戲，遇見海神之子Balakas（巴拉卡斯），Balakas被Silingan的美麗所吸引，決定要提親，多次提親都沒有被答應，於是非常憤怒，便施展法術引發海嘯，將部落淹沒。族人要求Silingan嫁給海神拯救部落。母親把她裝入箱內，放入海上任其漂流，海嘯才漸漸退去。事後，她的媽媽非常思念女兒Silingan（莎玲南），帶著三個兒子和一枝

小海神的新娘（國福國小故事牆，蕭巨杰繪）

銀色的鐵杖，沿著箱子漂流的方向找尋女兒。他們來到了Talawadaw，即秀姑巒溪口時，媽媽非常氣憤把銀色鐵杖丟下，向海神說：「以這枝鐵杖為界，海水以後不可以越過來」。從此以後，東海岸出現了一道銀色沙灘，成為海陸界線，而海水再也不可以任意的侵犯陸地。三個兒子們沒有停下尋找妹妹的腳步，後來他們便成為了其他原住民的祖先。而Silingan成為海上的一盞明燈，拯救在海上發生危難的族人。

小海神的新娘（撒固兒部落磁磚故事牆）

二、美女巴奈

採錄地點：花蓮市國福國小故事牆

故事來源：李逸偉

採錄者：田哲益

採錄時間：2018年10月28日

在Nabakowan部落裡，有一位秋天出生的美麗女

孩，父母替她取名為Panay，以紀念五穀豐收之神，Panay的美貌，讓許多人都想獲取她的歡心，競爭者甚至相約比賽，互相較勁。追求者中，有二位Alikakay的後裔最屬害，分別是來自瑞穗的Adabowang及花蓮的Atapa，雙方都勢在必得，不肯放棄比賽。於是，他們展開如火如荼的競爭，第一項比賽是到陸崝懸崖比撐竿跳，傳說當時撐竿跳的竹竿是在峽谷邊緣，長成了刺竹林，到現在仍迎風搖曳，當地人稱為「撐杖」。第二項是比長途賽跑，要從花蓮平原跑到瑞穗。在嚴苛的考驗下，他們二人仍是雙雙過關，難分高下。此時，Panay故鄉的秋苗卻經常突然枯死，一個放牛的小孩發現，Panay走過的地方，樹木野草都變得枯黃，於是族人認為她是妖魔的化身，Panay聽到謠言十分難過，就這樣生了重病，數日後就死了。Adabowang和Atapa各自在家鄉聽到噩耗，Adabowang失控的拿起一塊大石頭往花蓮的方向丟去，落在現在花崗山的老人公園。而美崙山上的Atapa也不甘示弱，雙手拿起兩塊大石往瑞穗丟去，成了著名的掃叭石柱遺跡。事後，部落的長老告訴大家，是由於Panay的美麗，才讓花木感動而枯萎，所以Panay就成為「美女」的代名詞。

本故事敘述撒奇萊雅族人重視體能競技的由來。巴奈（Panay）是一位美麗的女子，許多人為她傾倒。為了獲取她的芳心，紛紛用體能競技較勁。最後是二位阿里嘎蓋的後裔最屬害。二位強者繼續比賽，比賽項目是撐竿跳和長途賽跑，二位都

非常厲害，不分軒輊，雙雙過關。就在此時，一位牧童發現Panay走過的地方，樹木野草都變得枯黃，於是族人認為她是妖魔的化身。巴奈美女聽到了這個謠言，心裡難過極了，得了重病數日就死了。

美女巴奈（撒固兒部落磁磚故事牆）

自古天妒美女，紅顏多薄命，唉！真是太太令人惋惜了。而「巴奈」也成為撒奇萊雅族人「美女」的代名詞。

自古以來，撒奇萊雅族人非常重視體能競技，甚至還在七月份舉行「體能競技祭」（Pilisinan）。

美女巴奈有許多男子追求（撒固兒部落磁磚故事牆）

三、英雄難過美人關

採錄者：帝瓦伊‧撒耘
故事來源：帝瓦伊‧撒耘《阿美族群諺語》

....

　　相傳有位美女名叫巴奈（panay），出落得非常美麗，當她外出工作所經之地的野草、花木、農作物，都會因他的美麗而枯萎。農人損失慘重，因此不准她再出來走動，巴奈因而憂傷而死。後來族人便以枯萎來形容「英雄難過美人關」。①

巴奈因為非常美麗，她所經之地的野草、花木、農作物都會枯萎。族人就不准她到外面走動而憂傷而死。族人便以「枯萎」來形容男人為情所困，「英雄難過美人關」。

四、薄命紅顏

講述者：李來旺，68歲，國小校長退休
採錄者：許端容、鄭慈宏
採錄時間：1999年4月18日
採錄地點：花蓮縣壽豐鄉水璉村
故事來源：金榮華《台灣花蓮阿美族民間故事》

....

從前有一個女孩，名叫「巴奈」，她在十二、三歲時個子就很高。她的父母讓她參加豐年祭的跳舞，她一出現，大家的目光就統統集中到她那裡，因為她特別漂亮，一舉一動都吸引大家的注意。第二年豐年祭的時候，就有很多年輕人專門來看她。第三年的豐年祭，有很多年輕人打架了，因為他們爭著要表現自己給巴奈看，爭著要和巴奈接近。

　　巴奈十六、七歲時，部落裡發生了一件奇怪的事：道路兩旁的花和稻子都有枯萎的現象，引起了大家的注意。有一天，有人看見一個女孩子跑來跑去撿野菜，她走過的地方花就枯萎了。那人把他的發現告訴了大家。第二天，女孩又來了，這次是來挑水，大家一看，果真她走過的地方花就枯萎了。

　　於是大家把巴奈的家包圍起來，有人向屋子丟石頭，喊說屋裡有魔鬼。巴奈的爸爸出來說：「我們屋裡只有人，沒有鬼啊！我有一個太太，一個女兒，沒有鬼啊！」說完就叫他的妻子和女兒巴奈出來。眾人一見巴奈，指著她喊：「就是她，就是她，就是這個女孩！我們要抓她，我們要打死她，她是魔鬼！」

　　爸爸看見這情形，就叫妻子和巴奈回屋裡去，自己在屋外和大家吵、吵、吵！吵了很久，最後他無奈地答應，從明天開始，他不叫巴奈去採野菜，不去挑水，也不讓她參加唱歌和跳舞，總之，不讓巴奈出門，以免大家的花和稻子都枯萎掉。

　　你看！一個女孩子本來活活潑潑的，卻從此不讓她

出門，過了兩年，她就悶悶不樂的死了。巴奈死後，大家想想那不是她的錯，大家也哭了。

為什麼巴奈走過的地方花就會枯萎凋謝呢？因為她太美、太動人了，在族語裡，如果男人見到美女一直看，一直看，就說他被那個美女枯萎了，也就是被那個美女迷倒了，但是我們不叫迷倒，我們叫枯萎。

在巴奈未死之前，有兩個勇士，一個叫「都賴」，一個叫「阿達布朗」，他們為了爭取和巴奈接近的機會而公開比賽撐竿跳遠。在水漣有個很大的峽谷，寬度大約有八、九十米，深兩百多公尺，峽谷上有座十八號橋。以前沒有橋，這兩人就比賽跳這個峽谷，他們都砍了很長的竹子，由都賴先跳，都賴把竹子向谷中一插，像撐竿跳高一樣，呼的一下就過去了。接著是阿達布朗，他也把竹子往下一插，呼的一聲過去了，兩人都跳過了山谷，他們插在那裡的竹子現在都還在那裡，只是已經長成一片竹林了。那裡的地名現在叫「番薯寮」，原來的地名則叫做「撐竿跳遠」。

兩人後來又比賽跑，從花崗山跑到瑞穗，因為都賴的家在吉安的花崗山一帶，阿達布朗的家在瑞穗，結果兩人同時到達，又是平手。於是他們相約比游泳，可是還沒有比，就聽到巴奈死掉的消息，兩人很傷心，也就不再比賽了。巴奈的死，也使都賴對大家很生氣，他獨自一人跑到美崙山去，一腳把一塊石頭踢裂，又舉起這個裂出的長石條一丟，丟到瑞穗。瑞穗的阿達布朗見了，也很生氣，也舉一根大石條丟過來，一丟丟到花崗

山，現在兩根大石條都分別豎立在兩地。

　　那時另外有一個美女叫「依珊」，她非常嫉妒巴奈，因為所有的男孩都迷倒在巴奈的石榴裙下，還因巴奈而打架。於是她很注意巴奈的一舉一動。巴奈怎麼唱，怎麼跳，穿什麼衣服，依珊都學，可是她究竟不是巴奈，雖然她也美，但終不如巴奈。②

本傳說敘述：

（一）美女巴奈十二、三歲時就已經亭亭玉立了。

（二）巴奈參加豐年祭的跳舞，因為她長得特別漂亮，所以特別吸引眾人的注意。

（三）第二年的豐年祭，許多年輕的小夥子來參加跳舞，就是專門要來看她。

（四）第三年的豐年祭，有很多年輕的小夥子打起架來了，為的就是爭著要和巴奈接近。

（五）美女巴奈十六、七歲的時候，發生了怪異的事情，她走過的地方，花就枯萎了。被人發現後就到處流傳此事。

（六）族人都很謊恐，把巴奈的家團團包圍，並且丟擲石塊。還說巴奈是魔鬼，要打死她。

（七）巴奈的爸爸最後無奈地答應，以後不會叫巴奈去採野菜和挑水，也不讓她參加豐年祭唱歌和跳舞了。

（八）巴奈足不出戶，兩年後悶悶不樂死了。她死後族人才覺得不安，也都哭了。

（九）在巴奈未死之前，有兩個勇士，一個叫「都賴」，一個叫「阿達布朗」，兩人為了獲取巴奈的青睞，便以體育競技來

一比高下。

（十）兩位男子在水璉的峽谷，比賽撐竿跳遠。兩人都跳過了山谷，這個地方就是「番薯寮」，原來的地名是叫做「撐竿跳遠」。

（十一）兩人又比賽賽跑，又是平手。

（十二）兩人又相約比賽游泳，還沒有進行比賽，就得知巴奈去世的消息，兩人都很傷心，也就不再比賽了。

（十三）都賴對族人很生氣，到美崙山去，一腳把一塊石頭踢裂，又舉起這個裂出的長石條一丟，丟到瑞穗。

（十四）阿達布朗對族人也很生氣，也從瑞穗舉一根大石條，一丟丟到花崗山。現在兩根大石條都分別豎立在兩地。

（十五）美女巴奈生前，還有一位美女叫「依珊」，非常嫉妒巴奈，因為所有的小夥子都傾慕巴奈。依珊很留心巴奈的一舉一動。巴奈怎麼唱，怎麼跳，穿什麼衣服，她都學，可是她究竟不是巴奈，雖然她也很美麗，但終不如巴奈。

按本則講述者李來旺校長是撒奇萊雅族人。

五、薄命紅顏

講述者：笛布思‧顗賚(女，阿美族，電台節目主持人)
採錄者：陳勁榛
採錄時間：1999年4月18日
採錄地點：花蓮市
故事來源：金榮華《台灣花蓮阿美族民間故事》

有一個美女，長得很漂亮很漂亮。你知道嗎？只要她走過的地方，花都會凋謝，草都會枯萎，因為她實在長得太漂亮了，所以花草看到她就凋謝了。很多男士慕名而來，想要娶她，可是她誰都不喜歡。

於是就有人說：「她會巫術，是一個不乾淨的人，因為她走過的地方，花都會死掉。」本來大家都搶著要和她結婚的，後來因為這個謠言，就沒有人敢來提親了，甚至還有人說要打死她。

她的媽媽說：「你們怎麼可以因為她長得太漂亮就要打死她呢？」可是很多婦女都贊成，因為大家都為了要去看她而把她們忽略了。

由於被大家排拒，她只好一直在家裡織布。可是大家不給她東西吃，把她餓死了。她的骨骸葬在花崗山，也有人說葬在美崙山。③

本則故事所稱的「美女」應該就是「巴奈」，按「美女巴奈」是撒奇萊雅族和阿美族共同的故事。

本傳說敘述：

（一）美女因為長得太漂亮了，所以她經過的地方，花草就會凋謝。

（二）有人說：她會巫術，認為是一個汙穢的女人，還想要打死她，尤其是忌妒她的婦女。

（三）因為她被族人排拒，她只好一直在家裡織布。可是不給她東西吃，她終於餓死了。

（四）據說這位美女的骨骸埋葬在花崗山，也有人說埋葬在美崙山。

六、耳飾和拔齒

　　從前，南方部落有一個習俗，男孩子在十二、三歲適婚年齡的時候，要在耳朵上穿洞，掛上石頭、琉璃或貝殼作為裝飾品，在跳舞的時候會發出「卡拉卡拉」的聲音，既好看又好聽，可以用來吸引異性。可是有人因為掛得太多、太重，而把耳垂拉破了，所以北方部落的人會叫南方人「吉比鳩」，就是「破耳朵」的意思。北方部落也有一個習俗，男孩子在適婚年齡時要拔掉臼齒，代表成人了，也是一種勇敢的表現，並且認為比南方人只是在耳朵上穿洞勇敢多了。於是南方人笑他們是「哇尊媽伊那代」，意思是「缺齒犬」。（李來旺，1999年4月18日）。④

　　李來旺校長是撒奇萊雅族人，雖然述說的是阿美族的習俗，也是撒奇萊雅族人的習俗。

七、蛇戀人

口述者：黃金文
族名：Nowa watan
族別：撒奇萊雅族
採錄者：劉秀美、魏美玲、賴奇郁、蘇宇薇《火光下的凝召》

有一個少女，她帶著背籠到山上去挖地瓜，她把背
籠放在樹陰下就開始挖地瓜，當她回來的時候，看到一
隻頭朝上盤在背籠裡面睡覺的蛇，少女嚇一大跳，沒想
到蛇告訴她：「妳不要怕，我是想要來看你，因為每天
都看到妳在這邊工作，你放心！我不會傷害妳。」少女
聽完更加懼怕，心想：「蛇怎麼會講話。」她連背籠都
沒有背走，就趕快下山回家把經過告訴父母。父母就跟
著她到山上，但背籠裡什麼也沒有，少女說：「我明明
看到一條會講話的蛇。」父母覺得奇怪，就請巫師來
看。巫師到了以後就開始作法，這時蛇出現了，蛇告訴
巫師：「我過去因為受到部落的歧視，沒有辦法在部落
裡生活，所以就離開部落到深山，後來就變成蛇
了。」牠說很喜歡女孩，每天都看到她在這邊工作，牠
很喜歡她，所以絕對不會傷害她，因為牠也是人變成
的。後來巫師就問：「你為什麼要變成蛇？」蛇告訴巫
師：「因為我痛哭難過，慢慢就形成了一隻蛇。變成蛇
以後，我又掙扎想要變回人，始終都沒有辦法再變回
人。」巫師於是問牠：「你想不想變回人？」蛇說：
「我當然喜歡變成人啦，我就可以和我喜歡的少女在一
起。」後來巫師問少女：「牠如果變成人，你喜歡不喜
歡？」少女說：「如果牠是人，我當然喜歡呀！可是牠
是蛇呀！不可能變成人呀！」巫師說：「我有辦法把牠
變成一個英俊瀟灑的人。」因為牠過去相當的醜，大家
都不喜歡跟牠在一起。蛇要求巫師把牠變成人，巫師唸

了幾次咒語都沒有成功，一問之下，原來是蛇祖先想要把牠留下來當蛇，因為祖先也都變成蛇了。但蛇很堅持，一定要當人，不要當蛇，祖先就跟巫師講：「這樣好了，我這個孫子想要當人就讓他去吧！我不留牠了。」於是巫師又開始唸咒，突然蛇就直立起來，變成一個強壯的少年，少女覺得不可思議，有點害怕，少年接近少女的時候，少女沒有任何反應，但當兩人目光相對時，卻變成一對鴿子。從今以後，族人如果看到鴿子，絕對不會射殺，捕鳥抓到鴿子也一定要放走，以表示撒奇萊雅族對鴿子的愛護。⑤

本傳說敘述有一位少女，到山上挖地瓜，當她採集完了，準備把地瓜放在背籠裡揹回家，卻看到有一隻蛇在背籠裡面，她嚇了一跳。蛇卻講話了，說：不要害怕，我是來看妳的。

少女連背籠都沒有背走，就飛也似地回家告訴父母。父母請巫師來到山上看背籠。蛇出現了說：自己是人變成的，因為長得醜，部落的人很歧視他，於是離開部落到深山就變成蛇了。牠很喜歡女孩，所以不會傷害她。他希望又恢復人身。

巫師就施法，蛇變成了英俊瀟灑的少年。當少年和少女兩人目光相對時，卻同化為一對鴿子。此後撒奇萊雅族人捕鳥的時候，不會抓鴿子，因為牠們是人變成的，以表示對鴿子的愛護。

八、土生起源說：人神結婚

口述者：督固‧撒耘
族別：撒奇萊雅
採錄者：林瑞珠
來源：〈天神下凡與大洪水——撒奇萊雅族的神話與傳說〉，
《台灣原YOUNG》雙月刊第63期，2016年8月。

     傳說撒奇萊雅族是從土地裡發展出來的民族。相傳祖先發源於靠近今天花蓮七星潭附近的海岸，一個叫Nalalacanan的地方，那是由撒奇萊雅族的祖先吃過的貝殼所堆積的小山丘，有個叫Botoc的男子，和一個叫Sabak的女子，就是從這個小山丘中誕生，後來他倆結為夫妻，就成了撒奇萊雅族的祖先，也因為他們來自土地，也被稱為土地之神。繁衍三代之後，有個叫Kolomy的生了一個女兒叫Sayon，有一天Sayon來到一處叫Balalat的水塘取水，認識了下凡人間的天神Botong，兩人就結成夫妻。天神Botong入贅到Sayon家後很不習慣，整天只會製作陀螺不事生產，因此族人都很瞧不起他。有一天，他將所製作的陀螺全都放到了田裡轉動，頓時全都翻土了，接著他種了甜瓜子與苦瓜子，甜瓜子後來長出了稻米，苦瓜子則長出了小米，族人非常驚喜，接著他又教授族人農耕的方式及祭祀的禮儀，農耕於是走進撒奇萊雅族人的生活中，後來他就被

稱為「智慧之神」與「禮儀之神」。三年後，天神Botong的任務完成，必須回到天上，因為路途遙遠，他希望已經懷有身孕的妻子Sayon能夠留在年世已高的父母身邊，好照顧家裡，但Sayon想跟隨他一起回到天上的家，天神Botong只好依了她。由於Botong的家在天上，需要爬一道很高很長的天梯，天神Botong囑咐妻子Sayon在爬梯的時候絕對不能發出任何聲音。兩人就這樣非常辛苦的往上爬，爬啊爬，再一步就要登天了，Sayon卻因旅途勞累，一時疏忽而嘆了一口氣，梯子頓時斷裂，Sayon從天上摔落到地上，她的肚子破裂，從裡頭跑出了鹿、豬、牛、雞等許多動物，先她一步的Botong則回到了天上，Sayon因此成為「動物之神」，管理自然界的動物。至於那座斷裂的天梯，上半截掉落在瑞穗鄉舞鶴村馬立雲部落（Maibol）附近的掃叭頂，也就是今天仍然豎立在那裏的掃叭頂石柱，而下半截則掉落在花蓮市花崗山，直到日治時代才被移除，至今不知去向。至於Sayon和天神Botong相識的那個水塘Balalat附近，後來繁衍成Towapon、Cikep、Ciko、Pazik四大部族，一直到現在，撒奇萊雅族人仍會在水塘Balalat舉行祈雨儀式，並祭拜Kolomy、Sayon和天神Botong。⑥

人與神結婚（Palaacawa）的故事，是台灣原住民族多有的母題。本則傳說情節很多：

（一）七星潭附近的海岸Nalalacanan的地方，有貝殼堆積的

小山丘，是撒奇萊雅族男女始祖從土中誕生之地。

（二）男女始祖因為是從土中誕生，後來就是撒奇萊雅族人信奉的「土地之神」。

（三）繁衍三代之後，Kolomy生了一個女兒叫Sayon。

（四）Sayon到水塘汲水，認識了下凡的天神Botong，兩人就結成夫妻。

（五）天神Botong製作陀螺用以耕田。

（六）Botong種植的甜瓜子，長出了稻米；苦瓜子則長出了小米。

（七）Botong教授族人農耕的方式及祭祀的禮儀。因此撒奇萊雅族人就稱他為「智慧之神」與「禮儀之神」。

（八）三年後，Botong，必須返回到天上，其妻子Sayon也跟隨他去。

（九）他們爬天梯時，Botong囑咐妻子Sayon絕對不能發出任何聲音。

（十）僅差一步就登天了，Sayon因為勞累而嘆了一口氣，梯子頓時斷裂，Sayon從天上摔落到地上。

（十一）懷孕的Sayon肚子破裂，跑出了鹿、豬、牛、雞等許多動物，後來Sayon因此成為撒奇萊雅族的「動物之神」。

（十二）為了強調本傳說的真實性，還把當年斷落的天梯敘述一番：「上半截掉落在瑞穗鄉舞鶴村馬立雲部落（Maibol）附近的掃叭頂，也就是今天仍然豎立在那裏的掃叭頂石柱，而下半截則掉落在花蓮市花崗山，直到日治時代才被移除，至今不知去向」。

（十三）Sayon和天神Botong相識的那個水塘「繁衍成

Towapon、Cikep、Ciko、Pazik四大部族」。

（十四）據說撒奇萊雅族人會在他們相識的水塘舉行祈雨儀式，並祭拜Kolomy、Sayon和天神Botong。

九、女人島

口述者：林黃秀菊
族名：Nowa watan
族別：撒奇萊雅族
採錄者：劉秀美、魏美玲、賴奇郁、蘇宇薇《火光下的凝召》

....

　　有個小孩在玩海龜，一個男人經過看到就對小孩說：「海龜很可憐，我付錢給你，你不要玩牠。」接著男人就把海龜拿到海邊準備放生，海龜就開口跟他說：「謝謝你讓小孩放了我，現在我帶你去一個全是女人的島上。」他就坐著海龜到女人島。在女人島上，他吃得好、住得好，女人就像養豬一般養著那男人。住了一段時間，海龜就說：「該回去了！」在回去之前，女人島上的女人拿一盒東西給他，並告誡他在陸地之前不能打開，但是男人受不了，還沒到達陸地前，他就很好奇地打開盒子，一打開後冒出白煙，當煙散後，男人頭髮變白，變成了一個老人，回到家中，沒有家人認得出他來。⑦

「女兒國」在歷史上的確存在過，而且現在中國有一些村寨一直將「女兒國」的古老習俗留存至今。

　　本故事男人因為幫助了海龜，海龜為了報恩帶他去女人島享受美食、住著舒適的房子，雖然故事中男人「像豬一般」被養著，但和其他族群流傳的女人島或女人國不一樣，有些族群所流傳的故事提到，男人被當成豬飼養是等待養肥時殺食。但這則故事中的男人享受美食後並未被殺害，直至男人無法遵守女人島上女人的告誡，才在一瞬間老去。⑧

十、女人國

講述者：王金村
採錄者：陳勁榛
採錄時間：1999年4月18日
採錄地點：花蓮縣壽豐鄉水璉村
故事來源：金榮華《台灣花蓮阿美族民間故事》

　　有兄弟兩人，他們在外工作時，遇到很大很大的雨，水很快淹了起來。他們就把芒草綑起來，坐在上面，一直漂，漂，漂。後來其中一人死掉了，另外一人則漂流到一個叫「巴來珊」的地方。巴來珊那裡都是女人，沒有男人。她們看到這個漂來的男人覺得很奇怪，就把他當作動物圈養起來，給他吃大家吃剩的廚餘，好像養豬一樣。過了一陣子以後，可能是他對一條

魚有恩，這一條魚就讓他坐在背上，載他回家。這人回家以後，把他的遭遇告訴大家，大家才知道原來有個女人國。不過，除了那個被大水漂去的人以外，沒有其他人到過那裡。⑨

本則故事情節分析：

（一）兄弟兩人在外工作，巨大的雨就要淹了起來。

（二）兄弟兩人把芒草綑起來，坐在上面，一直漂，漂，漂。

（三）兄弟兩人其中一人死掉了，另外一人則漂流到一個叫「巴來珊」的地方。

（四）巴來珊這個島的人都是女人，沒有男人。

（五）女人們看到漂來的男人覺得很好奇。

（六）這個男人被當作動物圈養起來，給他吃廚餘，好像養豬一樣。

（七）後來，這個男人因為對一條魚曾經有恩，這條魚讓他坐在背上，載他回家。

（八）他把漂流到女人國的遭遇告訴大家，大家才知道原來還有個女人國。

（九）傳說，除了他之外，沒有其他人到過那裡了。

十一、死後靈魂之歸所

口述者：黃金文
族名：Nowa watan
族別：撒奇萊雅族
採錄者：劉秀美、魏美玲、賴奇郁、蘇宇薇《火光下的凝召》

　　撒奇萊雅族人相信神靈（dito）存在於宇宙世，只有部落祭司（mapalaway）才有能力與祖靈溝通。babalaki（老人家）傳述著，族人辭世後的靈魂將身著紅衣，追隨祖靈（dito）的腳步，沿著砂婆噹溪河床，通往神隱之所Pazik，最後飄過宛如鬼頭刀魚的美崙山坳，再往東飛向太平洋。⑩

　　這是一則撒奇萊雅族人對於人死後靈魂之歸所之敘述，族人辭世後的靈魂是穿著紅色的衣裳，歸於祖靈（dito）之所。沿著撒奇萊雅族傳統主要居住區域的砂婆噹溪河床，飛往美崙山神隱之所Pazik，最後飄過宛如鬼頭刀魚的美崙山坳，再往東飛向太平洋。「飛向太平洋」可能意涵著撒奇萊雅族人的傳說「祖先是來自其他島嶼」，回歸其所來之處。

　　從本則故事，可知撒奇萊雅族人是持著「靈魂不滅」說的。「死」不是終結，而是轉變到另外一個世界的過程。

十二、知識的傳遞

　　從前，如果有族人去世，大家就都到聚會所去哀悼，一直到第二天凌晨。那時候不能唱歌，也不能開玩笑，但是可以說故事。晚上容易打瞌睡，所以大家說故事比較不容易睡著，而一些古代的習俗、諺語和常識就是這樣傳下來的。（李來旺，1999年4月18日）⑪

　　李來旺校長是撒奇萊雅族人，本則敘述撒奇萊雅族人古代的習俗、諺語和常識，有許多是在聚會所哀悼死者，利用晚上的時間，就這樣傳下來的。

【注釋】
① 帝瓦伊・撒耘《阿美族群諺語》，台北，德英國際公司，2005年9月，頁227。
② 金榮華《台灣花蓮阿美族民間故事》，新店，中國口傳文學學會，2001年10月，頁56-59。
③ 同注②，頁55。
④ 同注②，頁97。
⑤ 劉秀美、魏美玲、賴奇郁、蘇宇薇《火光下的凝召》，花蓮，花蓮市公所出版，2011年3月，頁64-66。
⑥ 林瑞珠〈天神下凡與大洪水──撒奇萊雅族的神話與傳說〉，《台灣原YOUNG》雙月刊第63期，2016年8月，頁12-13。
⑦ 同注⑤，頁66-67。
⑧ 同注⑤，頁67。
⑨ 同注②，頁83。
⑩ 同注⑤，頁8。
⑪ 同注②，頁96。

第十八章

撒奇萊雅族
勸戒性神話傳說故事

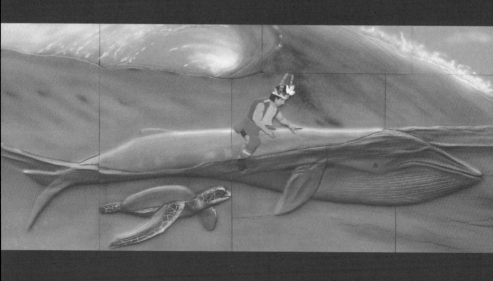

有一種叫做Piday kakalaw的星星，這個星星是在清晨黎明前才會出現在天際，俗稱清晨星或稱眉毛星。
Piday kakalaw星在春夏季節間尤其清晰明亮，每天凌晨約二時左右在東方出現……

一、羽毛的故事

採錄地點：花蓮市國福國小故事牆
故事來源：李逸偉
採錄者：田哲益
採錄時間：2018年10月28日

....

　　有一座深山裡，山雞正在用他的長嘴整理牠尾部的白色長羽毛，並且對著樹上的大老鷹驕傲的說：「你可知道我尾部的這兩根羽毛是稀有真品，撒奇萊雅族人把它象徵為馬拉道神和太陽的光芒。」大老鷹聽了山雞的話，非常嚴肅地回答山雞說：「是的，你的白羽毛的確非常珍貴、顯耀，但是，你一定沒看清楚，頭目的頭冠是用我們的羽毛製成的，那代表權勢、王者。如果你們代表的是光彩美麗，那麼我們代表的是威武、實力，因為我們不應該彼此比較，如果我們相互尊重，把我們的羽毛並列在一起展現力量，那不是很完美嗎？」

　　這是一則勸戒性的傳說故事，藉山雞與老鷹的對話，訓勉後代子孫，做人要謙虛、自愛、自重。凡事相互尊重，彼此互助合作，就會展現出無比的力量與活力。

山雞與老鷹之對話（國福國小故事牆，蕭巨杰繪）

撒奇萊雅族頭目的頭冠是用老鷹羽毛製成，象徵權勢、王者（國福國小故事牆，蕭巨杰繪）

二、清晨之星

口述者：黃德勇

族名：Komod bulaw（古穆‧布勞）

族別：撒奇萊雅族

出生：1950年11月14日

地點：花蓮市撒固兒部落（國福里）

採錄者：田哲益

採錄時間：2018年10月28日

....

　　有一種叫做Piday kakalaw的星星，這個星星是在清晨黎明前才會出現在天際，俗稱清晨星或稱眉毛星。

　　Piday kakalaw星在春夏季節間尤其清晰明亮，每天凌晨約二時左右在東方出現。族人認為這個星星，是暗示女婿要在清晨三時的時候就要下床了，到了清晨四時的時候，就已經在田裡耕作了。

　　本則「清晨之星」旨在鼓勵人們早起和勤勞的好習慣，「早起的鳥兒有蟲吃」就是這個道理。

清晨之星（撒固兒部落磁磚故事牆）

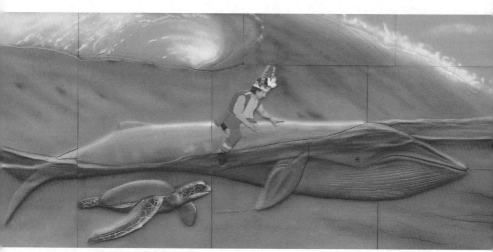

清晨之星（撒固兒部落磁磚故事牆）

第十九章

撒奇萊雅族
賢達的事跡

撒奇萊雅族「正名」成功，恢復「本姓」，期間經過許多族人的努力奔走，終於如願以償。對於失落的族群文化，也經族人共同努力追憶，也逐漸重構了起來。

一、黃德勇頭目

黃德勇（Komod bulaw）頭目，撒奇萊雅族人，1950年11月14日生。

黃德勇頭目居住於花蓮市「撒固兒」部落（花蓮市國福里），是一位傳奇性人物，少年時赴南投山地高級農校就讀，是筆者的姨父莫寶樹（河北人）老師的學生。回到故鄉後在花蓮縣衛生局任職，也曾任中央行政院原住民族委員會專門委員。

他的夫人呂美玉（A-iuq）是吉安鄉南昌部落的撒奇萊雅族人，兩人結婚後，夫人一直扮演著相夫教子的賢內助，使得黃德勇先生能夠致力於民族事務的推動與發展，創造令人驚奇的傳奇事蹟，其夫人A-iuq也是功不可抹。

黃德勇於2004年任「撒固兒」部落頭目，2009年5月獲頒花蓮市長之「花蓮市總頭目」匾額；2011年3月又獲頒花蓮市長之「花蓮市總頭目」匾額（期間是2011年3月至2013年），其獲得族人和市政府的肯定，足為族人楷模。現在他也是撒固兒部落的理事長，以其年邁、身體不佳的情形之下，繼續為部落族人和撒奇萊雅族人服務。祈望其身體健康，繼續為族人服務。

（一）達固部灣戰役紀念園區

黃德勇時任原住民族委員會專門委員，向原住民族委員會爭取補助經費建設，並且向花蓮市公所爭取土地，獲得同意後，原

住民族委員會便派員勘查，拍板定案補助建設經費。

　　達固部灣戰役紀念園區有「達固部灣戰役紀念碑」和「加禮宛戰役紀念碑」並立，於2015年11月14日落成，剛好是黃德勇先生65歲的生日。園區內還有「永生門」和「重生門」兩座由巨石組成的象徵撒奇萊雅族與噶瑪蘭族生死同盟的可貴精神與情義。

撒固兒部落祭祀廣場的巨石碑

國慶里圓形祭祀廣場以大石頭圍繞成圈

（二）撒固兒部落祭祀廣場

　　撒固兒部落的祭祀廣場，目前是撒奇萊雅族最大的一座祭祀場。本祭場以巨石列陣，為族人與神靈溝通的橋樑。

　　這座祭祀場原來就是部落族人的耕地，因為在土地登記時，耕主沒有去登記，過時就不能登記了，變成花蓮市政府管理的土地。黃德勇頭目就是把這塊土地申請建為「撒固兒部落祭祀廣場」，獲得花蓮市政府與花蓮縣政府同意使用，並建了一座祭祀廣場。

　　撒固兒部落的祭祀廣場有八塊巨石碑：分別是：「風吹」、「雨淋」、「土生」、「火燒」、「敬神」、「勤奮」、「自愛」、「愛人」。還有一塊「頭目碑」巨石，紀載歷代頭目的聖名。一共是九塊。

　　撒奇萊雅族的另一個祭祀廣場在壽豐鄉的水璉部落，稱為「撒法度」（Sabato）祭祀廣場，「Sabato」為「巨石群」之意。祭場內的巨石碑與撒固兒部落的祭祀廣場之巨石碑完全相同，只是比較小。水璉部落的祭祀廣場，整體祭場的規模較小，不能容納許多祭眾，有些兒不敷使用，所以還是在水璉國小舉行火神祭。

　　以前撒固兒部落在還沒有祭祀廣場前，都是在國福國民小學舉辦年度的祭儀活動，有了祭祀廣場後，「火神祭」的規模越辦越大，祭儀也越來越令人感動。成為台灣原住民十六族中，與苗栗、新竹賽夏族的「巴斯達隘矮靈祭」同為最具特色的兩大特殊祭典。

　　同是撒固兒部落的國慶里，也有一個圓形祭祀廣場，2006年

7月1日「百年首次火神祭」就是在此舉行的。這個河堤圓形祭祀廣場位於國福棒壘球場旁。這個祭場也是很有特色的，祭場用大石頭圍繞成圈，中心空地就是祭場。這樣的設計就是把過去族人的部落模型呈顯出來。過去族人生活的部落多是用石頭圍繞成護牆，中間就是木板、竹子、茅草築成的竹木茅屋。族人在石頭護牆內起居，多了一層安全的保障。

另外在豐濱鄉的磯崎部落，還沒有祭祀廣場，他們舉辦「火神祭」是在磯崎國小舊址辦理。

（三）撒固兒部落磁磚故事牆

「撒固兒部落磁磚故事牆」是黃德勇頭目向水保局爭取補助經費，第一期爭取四百萬，第二期又爭取四百萬，合計八百萬，建設文化牆，是撒奇萊雅族第一座圖像博物館，從撒奇萊雅族的起源、歷史、祭儀、神話、傳說、故事、習俗等，都用美麗的彩色磁磚貼畫表現的淋漓盡致，讓人一目瞭然撒奇萊雅族的史蹟與悲情。

（四）撒固兒部落入口意象

黃德勇頭目向花蓮市政府、花蓮縣政府申請補助，建設「撒固兒部落入口意象」。設置大型的雕塑意象。

有一根高大的圓桶直長型的「頭目柱」（火神柱），這位

Komod padiek（古穆‧巴立克）頭目是當年「達固部灣戰役」時，領導族人抵抗清軍的大頭目。最後他被清軍凌遲處死。Komod padiek頭目是撒奇萊雅族的民族英雄，族人封他為「火神」，永遠記憶在族人的心中。Komod padiek頭目是撒奇萊雅族最英勇的戰士，永遠活在族人的心中。

頭目的妻子Icep kanasau（被封為「火神太」）另立在「頭目柱」（火神柱）的旁邊，Icep kanasau（伊婕‧卡娜哨）是一位勇敢的女性，不怕死也不跟隨其他族人逃難，毅然決然跟隨在其夫頭目的身邊，最後也被清軍處刑慘死。求仁而得仁，夫妻鶼鰈情深，死難同當，令人感佩。

撒奇萊雅族人也很感念頭目的妻子Icep kanasau視死如歸與勇敢的偉大情操與愛情，封她為「火神太」，也立「火神太柱」，足為女性模範。與其夫同享祀祭。

（五）傳授族語

黃德勇頭目具有強烈的文化傳承使命感，除了積極爭取經費，建設有形的硬體建設外，對於族語的傳承更是不遺餘力。

他每周一至周五在部落的三個地方：活動中心、部落教室和家裡傳授族語，對於其執著奮力，令人感動。

（六）撒固兒步道

「撒固兒步道」原稱「佐倉步道」，這裡有一座瀑布，遊客

黃德勇頭目申請將部落街道改稱原住民稱呼　　撒固兒部落撒奇萊雅族招呼語牌

會到這裡遊山玩水。這裡曾經是「達固部灣戰役」撒奇萊雅族人逃難的路線，因為有其歷史意義與緣由，黃德勇先生向花蓮市政府、花蓮縣政府申請「正名」，改為「撒固兒步道」。

（七）市區街道回歸族名

黃德勇頭目為讓撒固兒部落更具原住民的部落風華，申請把街道改稱「沙基拉雅街」，並置「撒奇萊雅族招呼語」Mahicatu Sakizaya Greeting Mahicatu牌。

二、帝瓦伊・撒耘校長

帝瓦伊・撒耘（李來旺）校長，民國20年（1931）10月13日生，民國92年（2003年）9月24日逝世於慈濟醫院。帝瓦伊・撒耘校長從事教育工作達44年，歷任水璉、立山、瑞西、月眉、秀林以及太巴塱國小校長。

著作計有《牽源》、《泰雅原始文化研究》、《阿美族神話故事》、《阿美斯族諺語》、《阿美族語課本》等。

帝瓦伊・撒耘校長（撒固兒部落入口意象解說牌）

帝瓦伊・撒耘校長畢生推動原住民教育及文化紮根工作不遺餘力。他不僅是一位教育家也是一位思想家。

1990年7月，帝瓦伊・撒耘校長發起恢復舉辦「撒奇萊雅族祭祖大典」。2003年3月，討論族群「正名」議題。是為撒奇萊雅族恢復族名之嚆始。至2007年1月17日，終於獲得「正名」。

國家圖書館出版品預行編目資料

撒奇萊雅族神話與傳說及火神祭／田哲益 (達
　西烏拉彎. 畢馬) 著. 初版. -- 臺中市：晨
　星，2019.06
　304 面；公分. -- （台灣原住民；063）

ISBN　978-986-443-877-8（平裝）

539.5339　　　　　　　　　　108007169

線上讀者回函，
加入馬上有好康。

台灣原住民 063

撒奇萊雅族神話與傳說及火神祭

作　　　者	田哲益（達西烏拉彎・畢馬）
主　　　編	徐惠雅
執 行 主 編	胡文青
校　　　對	田哲益、王詠萱、胡文青
美 術 設 計	王志峯
封 面 設 計	王志峯

創 辦 人	陳銘民
發 行 所	晨星出版有限公司
	台中市 407 工業區 30 路 1 號
	TEL：04-23595820　FAX：04-23597123
	E-mail：service@morningstar.com.tw
	http：//www.morningstar.com.tw
	行政院新聞局局版台業字第 2500 號
法 律 顧 問	陳思成律師
初　　　版	西元 2019 年 06 月 10 日
劃 撥 帳 號	22326758（晨星出版有限公司）
讀 者 專 線	04-23595819#230

印　　　刷	上好印刷股份有限公司

總 經 銷	知己圖書股份有限公司
	台北　台北市 106 辛亥路一段 30 號 9 樓
	TEL：（02）23672044／23672047
	FAX：（02）23635741
	台中　台中市 407 工業 30 路 1 號
	TEL：（04）23595819　FAX：（04）23595493
E - m a i l	service@morningstar.com.tw
網 路 書 店	http://www.morningstar.com.tw
郵 政 劃 撥	15060393
戶　　　名	知己圖書股份有限公司

定價 380 元
（如有缺頁或破損，請寄回更換）
ISBN：978-986-443-877-8
Published by Morning Star Publishing Inc.
Printed in Taiwan

SAKIZAYA